すらすら読める新訳

フランクリン自伝

THE AUTOBIOGRAPHY OF
BENJAMIN FRANKLIN

ベンジャミン・フランクリン

芝瑞紀訳　楠木建解説

サンマーク出版

解説

楠木建（一橋ビジネススクール特任教授・経営学者）

教養というと仕事の具体的な局面では役立たないフワフワしたものであるかのように思っている人が多い。

大間違いだ。スキルやノウハウといった個別具体的な知識は確かに有用だが、教養にははるかに汎用性がある。どんな状況で、何に直面しても、教養を持つ人であれば、自分の内在的な価値基準に則して決断できる。大局観と言ってもよい。

教養ほど実践的で実用的なものはない。

教養を獲得するための王道は何と言っても読書だ。ただし、「実用的なビジネス書」のほとんどは大局観の形成に役立たない。有用な情報や知識を得ることはできても、読み手の価値基準にまでは影響を及ぼさない。

読むべきは古典だ。長い歴史の中で多くの人に読み継がれてきた超一流の書物だけが古典として残る。古典は間違いなく教養の錬成にとって有用だ。

アメリカ合衆国建国の父として讃えられるベンジャミン・フランクリン（1706－1790）。彼が遺した自伝は、古典中の古典だ。アメリカはもとより、世界中で読み継がれてきた。

私見では、フランクリンのリーダーとしての特質は次の3点に集約される。

第1に、ジェネラリストであること。リーダーに「担当」はない。定義からしてリーダーは担当者とは異なる。特定の専門分野に閉じこもらず、成すべき目的を実現するためには何でもやる。自分の前の仕事丸ごとを相手にする。今日では「ジェネラリスト」というと専門能力がない凡庸な役職者のように聞こえるが、それは誤解だ。そもそも「ジェネラル」とは総覧者を意味する。ようするに「総大将」だ。フランクリンは言葉の正確な意味でのジェネラリストだった。

第2に、プラグマティスト（実利主義者）であること。耳触りがいいばかりでその実、空疎なかけ声に終始する似非《えせ》リーダーが少なくない。目的の実現にコミットするのがリーダーの仕事だ。それには言うだけでなく実行しなければならない。しかも、一人でできることは限られている。自らの構想に多くの人を巻き込んで、目的の実現に向けて動かしていかなければならない。そのためには合理的でなければならない。

あっさり言えば、みんなにとって得になることをやるということだ。合理的でないと、立場や利害を超えて人々が乗ってこない。実行するためには構想や指示や行動が現実的かつ具体的でなければならない。フランクリンはどんな仕事をするときも常に実利的で具体的だった。

第3に、社会共通価値を追求したこと。フランクリンは生涯を通じて実利を求めた人だった。しかし、スケールが大きい。彼が追求した利得は彼だけのものではない。自分の周囲にあるコミュニティの人々、ひいては社会全体にとって得になることを常に考えていた。

だからといって、自分の利得を劣後させ、自己犠牲の精神を発揮したわけでは決してない。自分の利得になることが社会全体にとっても利益になればなおよい。さらに重要なこととして、社会にとって大きなスケールで得になることをしたほうが、自分にとっての利得も大きくなる。

表面的には矛盾するかのように見える利他と利己が無理なく統合されている。ここにリーダーとしてのフランクリンの思考と行動の最大の特徴がある。

究極のジェネラリスト

日本では、稲妻が電気であることを証明した偉大な科学者としてフランクリンは知られている。雷が鳴る嵐の中で凧を揚げ、凧糸の末端につけたライデン瓶（ガラス瓶と水を使い電気を貯める装置）で電気を取り出す命がけの実験が評価され、フランクリンはイギリス王立協会の会員に選出されている。

この科学史に残る偉業にしても、フランクリンにとっては自分の仕事のごく一部に過ぎなかった。現にこの自伝の中でも、この「フィラデルフィア実験」のエピソードは最後のほうでごくあっさりとしか触れられていない。

フランクリンは「究極のジェネラリスト」だった。実業家にして著述家。政治家にして外交官。物理学者にして気象学者。どんな分野にも専門家がいる現代の基準からすれば、フランクリンの仕事の幅は異様に広く、その成果は驚くべき多方面にわたる。しかも、次から次へと「転職」したわけではない。**同時並行的に異なる分野で活動し、多種多様な業績を遺している。**

驚異的なオールラウンダーが生まれた背景には、彼の出自と発展途上にあった当時のアメリカの社会構造がある。

イギリスからニューイングランドに新天地を求めて移住してきた父ジョサイアには、17人の子どもがいた。大勢の子どもを養うだけで精一杯。ジョサイアは知的な人物だったが、高等教育を子どもたちに与える余裕はなかった。10歳で教育を終えたフランクリンは早くから社会に出た。

知識欲旺盛なフランクリンは読書が大好きだった。子どものころから父の蔵書にあったプルタルコスの『英雄伝』やデフォーの『企画論』、マザーの『善行論』などの書物を読破していた。文章を書くことにも目ざめ、独学で文章修行もしている。本好きが高じて印刷工になる。

当時のアメリカは発展途上にあり、イギリスと比べて遅れた国だった。フランクリンが勤めていた印刷所では活字不足が頻繁に発生した。しかし、産業が未発達で分業による専門化が進んでいなかった当時のアメリカには活字鋳造業者はいなかった。そこでフランクリンは自分で鋳型を考案し、間に合わせの活字を造らなければならなかった。ほかにも、彫り物や印刷用のインクづくりから倉庫番まで、ありとあらゆる仕事を自分でやる「なんでも屋」としてキャリアを形成していった。

若き日のフランクリンは印刷業者として独立し身を立てることを志した。しかし彼には何もなかった。資金や設備や技能はもちろん、人材や顧客を獲得するためのネットワークもすべてゼロから自分の手と力でつくっていかなければならなかった。

印刷工場を経営するようになると、すぐに新聞を発行している。メディアだけでなくそれに載せるコンテンツも自らつくる。記事が面白いと評判になり、フランクリンの新聞は多くの購読者を獲得し、発行部数は伸びた。これが印刷業にも良い影響を与え、好循環を生んだ。

フランクリンが取り組んださまざまな仕事は、いずれも彼の中にあるただひとつの動機から生まれている。それは無尽蔵の探求心だ。

フランクリンにとって活動の幅を広げるのはごく自然なことだった。誰から頼まれたわけでもない。名誉栄達を求めたわけでもない。自らの内発的な探求心に忠実だっただけだ。自分が興味を持つ問題の解明に取り組んだ結果として多種多様な仕事をすることになった。フィラデルフィア実験もその一つだった。

フランクリンの中ではすべての活動が分断なく連続していた。すべての成果が同じ一人の人物の探求心によってもたらされている。本人にしてみれば、どんな仕事をするときでもいつも同じことを同じようにしているという感覚だっただろう。

フィラデルフィア・アカデミー（後のペンシルベニア大学）の創設にその好例を見ることができる。源流ははるか昔、印刷所を開業する以前に彼が組織した「ジャントー」というクラブにある。真理を探究したいという情熱にかられたフランクリンは、倫理や政治、自然科学に関してメンバーが書いた論文を発表し合い、議論する場をつくった。

ジャントーの活動は長く続いた。そのうちにフランクリンの頭にあるアイデアが生まれる。論文を書くためには何冊もの本を参照する必要がある。各人の蔵書をジャントーの会合部屋に集めておけば、全員がすべての本を持っているのと同じことになる。つまり、クラブのための図書館だ。

この経験から、より大きな公共図書館をつくろうという目標が生まれた。**この目標はアメリカで最初の会員制図書館として結実し、これがフランクリンにとっての最初**

の公共事業となった。 図書館は人々の知的活動の拠点となり、この延長上にペンシルベニア大学が生まれている。

つまり、フランクリンによる大学創設は、功成り名を遂げた富豪の慈善事業ではなかった。彼の知的探求心に基づく活動が自然な流れでだんだんと大きくなった結果として大学が生まれている。

このように、フランクリンの成し遂げた成果はバラバラに生まれたのではなく、彼の探求心を中心にすべてがつながっている。ここにジェネラリストの究極の姿を見る。

プラグマティズムの人

何もないところから身を立て、苦労を重ねながら実業家として成功したフランクリン。彼の信念は **「信用第一」**。信用を獲得するためには、勤勉で誠実で正直でなければならない。フランクリンは生涯にわたってこの価値観を貫いた。

彼の勤勉で誠実な生き方は観念的な倫理や道徳によるものではなかった。それが結局のところ自分の利益になるからだ。どんな仕事でも勤勉に働く姿を見て、周囲の人々はフランクリンを信用するようになる。「私はなにも、自分の勤勉さを自慢したいわけではない。**これを読んだ自分の子孫に、勤勉さがどれほどの利益をもたらすかを知ってもらいたいだけだ**」――フランクリンの思考と行動は徹底してプラグマティズム（実利主義）に基づいていた。

フランクリンは聖人君子ではなかった。若き日にイギリスにわたって印刷工をしていた頃は、稼いだお金を芝居や遊びに使ってしまい、その日暮らしも経験している。自分が世俗的な人間であることを隠さなかった。この自伝を書いた動機にしても、冒頭で「回想をつづることで、自分の虚栄心を満たしたいとも思っている」と書き記している（「紙に書くだけなら、若者を嫌々付き合わせなくてすむ。読むか読まないかはめいめいが自由に決めればいい」とここでもプラグマティズムを発揮しているのが面白い）。

フランクリンのプラグマティズムは宗教と教会に対する姿勢によく表れている。彼は神の存在と宗教の意義を信じていた。しかし日曜日の教会の集会に出るのは若いころから止めていた。彼にとって日曜日は「勉強をする日」であり、そのほうが有益だと考えたからだ。長老教会派の会員として育てられてきたが、教義にある「神の永遠の意志」「永遠の定罪」といった抽象的な概念がどうしても理解できない。さまざまな宗派の中には人々を分裂させ、不和をもたらすような教義が含まれていることにも疑念を持っていた。

たまには長老教会の礼拝に顔を出すこともあった。しかし、牧師が道徳の原理を説くよりも、長老教会派の優位を主張する神学論争に明け暮れるのに辟易し、「何ひとつ得るもののない時間だった」と振り返っている。

とは言え、「どんな宗派であっても多少は人の役に立つと考えていた」ので、宗教を否定せず、他人の信仰については口を出すこともない。どの宗派かに関係なく、寄付をつづけた。フランクリンにとっては人々の善行を促し、善良な市民へと導くという「利得」こそが大切だったのである。

彼が25歳のころに打ち立てた有名な「13の徳目」に、プラグマティストの真骨頂を見ることができる。「道徳的に完璧な人間」になることを決意したフランクリンは13の徳目を自らに課した。「いい人間であれ」と漠然と思っているだけでは、いつまでたっても実現できない。13の徳目は宗教的な戒律ではなく、あくまでも実践のための計画だった。

「節制」「規律」「倹約」「勤勉」……一見してありふれた言葉が並んでいる。興味深いのは徳目の中身よりも、彼がそれらを選び制定した過程だ。フランクリンにとって、「13の徳目」は漠然とした目標や精神的なかけ声ではなく、あくまでも現実生活の中で道徳性を身につけるための計画だった。

計画は実行しなければ意味がない。日常生活の中で実行しやすくするために、徳目の数を多くして、その分各項目の意味を狭い範囲に限定して、シンプルな戒律としている。

徳目は困難であると同時に、現実的なものでなければ意味がない。たとえば、7つ目の徳目「誠実」には「嘘をついて人を傷つけないこと」という戒律が添えられている。「嘘をつかないこと」ではないのがポイントだ。**利害にまみれた日常の中で、仕方なく嘘をつくこともある。それよりも、人を傷つけるという損失をなくすほうが大切だというのがフランクリンの考え方だった。**

さらに面白いのは、13の徳目を修得するために彼が採用した方法だ。一度に全部やろうとすると注意が分散して、どれも実行できない。まずはひとつの徳目に集中し、それを習慣化できてから次の徳目に移るという方法で、ひとつずつ順番に取り組んでいる。

その順番もよくよく考えられている。第1の徳目を「節制」にしたのは、それがすべての徳目の実践にとって基盤になるからだ。節制を身につければ後の徳目の修得がより楽になる。

道徳的な生活の中で知識も得たいと思っていたフランクリンは第2と第3に「沈黙」と「規律」を持ってくる。これで仕事の計画や勉強にあてる時間が増える。第4の「決断」を習慣にできれば、その後は確固たる意志をもって徳目を修得できる。第5の「倹約」と第6の「勤勉」を守れば、早く借金から解放される(借り入れた事業資金の返済は当時のフランクリンにとって重要なテーマだった)。衣食足りて礼節を知る。財務的に自立できれば「誠実」(第7)と「正義」(第8)も実行しやすくなるだろう——明快な論理でつながったストーリーになっている。

フランクリンは「『道徳的に完璧な人間になる』という当初の目標は達成できなかった」と自伝の中で告白している。自分が性格的に規律を守れないことは分かっていた。それでも「懸命に努力したおかげで、人として多少は成長したし、多少の幸せをつかむこともできた」。

フランクリン一流の現実主義と実利主義が色濃く出ているエピソードだ。

社会共通価値の追求

プラグマティズムの人、フランクリンはそれが実利をもたらすのかを基準としてあらゆる判断を下した。

これと一見矛盾するようだが、彼の後半生は自分の商売ではなく公共事業に捧げられている。ペンシルベニア大学の創設はその典型だ。それに先行して、25歳の時にはすでにアメリカ初の公共図書館を設立している。先述したように、これは彼が知的研《けん》鑽《さん》を積む議論の場としてつくったクラブの図書室を母体にしている。

フランクリンがクラブやその図書室をつくった動機は私的利益に基づいている。知識欲が強く、真理の探究を最上の愉しみとする彼にとって、クラブや図書室は自分の欲求を実現するためのものだった。

図書室にメンバーが蔵書を持ち寄れば自分が持っているわずかな蔵書よりも多くの

知識に触れることができる。しかし、それは自分以外のメンバーにとっても同じことだ。**私欲といえば私欲だが、それが真っ当な欲望であれば必ず他者にとっても利得になる。**フランクリンは幼少時からこの人間社会のポジティブな原理原則を本能的に理解していた。

図書室を発展させた公共図書館の設立についても同じ成り行きだった。フランクリンが生涯をかけて追求した実利は自分を向いた損得勘定にとどまらなかった。コミュニティや社会全体の利得の極大化を志向するものだった。フランクリンの欲は自分の利得だけでは満たされなかったのだ。それだけ欲が深かったと言ってもよい。

フランクリンがつくった公共図書館はその後アメリカに数多く生まれた会員制図書館の原型となった。「図書館ができたことで、この国の人々は知的な話ができるようになった。平凡な商人や農民が、いまや他国の紳士たちに劣らないほどの教養を身につけている。すべての植民地の住民が、自分たちの権利を守るために戦えたのも、図書館があったおかげではないかと私は思っている」――自分の実利的動機から始まった活動が社会全体のスケールで実現して、ようやくフランクリンの欲は満たされることになる。

1742年にフランクリンは「ペンシルベニア式ストーブ」を発明している。新しい空気を取り入れることによって暖まるという開放式のストーブで、従来のものより暖房効率がよく、燃料も節約できた。彼はストーブの宣伝のために「新発明のペンシルベニア式ストーブについて」と題したパンフレットを発行した。パンフレットは知事の目にも留まり、フランクリンに専売特許権を与えようとした。

しかし、フランクリンはその申し出を断っている。自分も他品の発明から多大な恩恵を受けているのだから、自分の発明についても、人の役に立てることを喜ぶべきだ、というのが彼の主張だった。

「やがて私のストーブは、ペンシルベニアだけでなく近隣の植民地にも広まっていった。いまでも多くの家庭が、薪を節約できるこのストーブを使っている」――これがフランクリンにとって最も嬉しいことであり、彼にとっての最大の「実利」だったのだ。

フランクリンのプラグマティズムはいくつもの大成果として結実した。しかし、彼の実利を求める姿勢は一攫《いっかく》千金の大勝負とは一線を画していた。その手の「大勝負」は実際のところごく小さな私欲を動機としているものだ。

先の図書館の例にあるように、ほとんどの場合きっかけは日常生活の中にあるちょっとした問題解決にあった。**「人間の幸福というのは、ごくまれにやってくるすばらしい幸運からではなく、日々の生活のなかにあるささやかな利益から生まれるものだ」**――これがフランクリンの信念だった。

当時のフィラデルフィアの道路は舗装されていなかった。雨が降ると、重い馬車の車輪で地面がぐちゃぐちゃになる。空気が乾燥すると、土ぼこりが舞って大変なことになる。これを不便に思ったフランクリンは道路を舗装すべきだという主張を文章にまとめて発表し、問題解決に注力した。

その甲斐あって、やがて道路の一部が石で舗装され、靴を汚すことなく通りを歩けるようになった。

しかし、道路の一部は未舗装だったので、馬車が通るたびに舗装の上に泥が積もっていった。そこでフランクリンが道路の掃除をしてくれる人を探した。勤勉ではあるが生活に困っている男が見つかった。事情を話し、掃除を依頼すると、「この地域の各家庭が毎月6ペンスずつ払ってくれるなら、喜んでお引き受けします」という答えだった。

フランクリンはわずかな金額でどれだけの利益が得られるかを近隣の住民に告知する活動を展開した。靴に泥がつかないから家をきれいにしておけるとか、道路を歩くのが楽になるから客足が増えるとか、風が強い日でも商品がほこりまみれにならないから商売のためになるなどと、例によって細かい具体的な利得を記したパンフレットを印刷し、各家庭に配った。

どれだけの家がこの考えに同意したかを調べると、一軒残らず賛成だということが分かった。掃除夫の男による週に2回の道路掃除が始まった。フィラデルフィアの人々は道路がきれいになったことを喜んだ。「いっそのこと全部の道路を舗装したほうがよい。そのためなら喜んで税金を払う」という世論が形成され、フランクリンの道路舗装の主張は実現に至った。

今日の言葉で言えば「社会共通価値」、これこそがフランクリンが追い求めた成果だった。富や権力の集中から背を向けたフランクリンの生き方はアメリカの人々から絶大な支持を受けた。

しかし、ここで注目すべきは、**社会の利益のために自分の利益を犠牲にしているわけではない**ということだ。社会に共通した価値ということだけでなく、自分の利益が社会全体の利益と共通している。フランクリンの目的設定は常にこの意味での共通価値を向いていた。

フランクリンの思考様式は、後世の日本に現れた渋沢栄一――日本近代資本主義の父――のそれと驚くほど共通している。渋沢の持論であった「論語と算盤」をある種のバランス論と勘違いしている人が少なくない。

つまり、資本主義なり商売の利益追求（算盤）はしばしば暴走してしまう。したがって、人間道徳（論語）でブレーキをかけなければいけない。渋沢は今日のＥＳＧやＳＤＧｓを先取りしていた――渋沢の主義主張をこのように理解している人は、おそらく『論語と算盤』をまともに読んでいないと思う。

道徳的な商売が長期的にはいちばん儲かる――これが渋沢の結論だった。頭の中が算盤だけの人は実は欲がない。本当に大きな欲を持つ商売人は必然的に「論語と算盤」になる。フランクリンと渋沢はともに大欲の持ち主だった。世の中全体を相手にしながらも、現実的合理主義で実利を見据え、自ら実行することによって社会共通価値の創造を果たした。

フランクリンや渋沢は現代のＥＳＧやＳＤＧｓを先取りしていたのか。そうではない。企業が社会的存在であることは今も昔も変わらない。人間の本性やそれによって構成される社会の本質もまたフランクリンの時代から変わらない。

変わらないことにこそ本質がある。世の中の不変にして普遍の本質をつかむ人は、国や時代がどうであれ、同じ結論に到達するというだけの話だ。

リーダーの一義的な資質は人間社会についての洞察力にある。人間と社会の本質を見極め、その本性を善用する。そこに古今東西のリーダーの本領がある。

大きな仕事を成し遂げるリーダーとはどのような人か――本書『フランクリン自伝』は、この永遠の問いに対するほとんど完璧な回答を与えている。

すらすら読める新訳　フランクリン自伝

目次

カバーデザイン　井上新八
イラスト　Yosuke Yamauchi
本文デザイン・DTP　荒井雅美（トモエキコウ）
翻訳協力　株式会社リベル
編集協力　株式会社鷗来堂

ベンジャミン・フランクリン　年譜

1706年		誕生。
1714年	8歳	ラテン語学校に通い始める。
1716年	10歳	学校教育を終え、家に連れ戻され、ろうそくや石鹸を製造する父親の商売を手伝うことになる。
1718年	12歳	兄のジェームズの印刷所で、見習いの印刷工として働き始める。
1721年	15歳	兄のジェームズが発行を始めた新聞『ニューイングランド・

		クーラント』に匿名で寄稿するようになる。
1722年	16歳	ロックの『人間知性論』、ポール・ロワイヤル修道院の学者たちによる『思考の方法』などを読破。クセノポンの『ソクラテスの思い出』に魅了される。
1723年10月	17歳	兄との確執の後ニューヨークに向かうが職はなく、フィラデルフィアで印刷工として再出発。
1724年	18歳	4月の終わりごろボストンへ一時帰郷。
1724年12月24日	18歳	ペンシルベニアのウィリアム・キース知事のすすめでロンドンへ。印刷工として働く。
1726年7月23日	20歳	商人のデナム氏とともにフィラデルフィアに戻る。

1727年	21歳	デナム氏の死後、ふたたびキーマーの印刷所で働く。「真理の探究」を目指すクラブ〈ジャントー〉を創設。
1728年	22歳	印刷所を開業。
1729年	23歳	新聞『ペンシルベニア・ガゼット』の発行を手がけるようになる。
1730年9月1日	24歳	デボラ・リードと結婚。
1731年	25歳	フィラデルフィアに公共図書館をつくる。「13の徳目」を立てる。
1732年	26歳	リチャード・ソーンダーズという名前で『貧しいリチャードの暦』を出版、ベストセラーとなる。

年	年齢	出来事
1733年	27歳	印刷工のひとりをサウスカロライナのチャールストンに送り支店をつくる。フランス語、イタリア語などの外国語の勉強を始める。
1736年	30歳	種痘を受けさせず4歳の息子を天然痘で失う。植民地議会の書記に選挙で選ばれる。
1737年	31歳	フィラデルフィアの郵便局長に就任。
1742年	36歳	ペンシルベニア式ストーブを発明。
1744年	38歳	アメリカ哲学協会を創設。
1746年	40歳	ボストンでスペンス博士と出会い、電気を使った実験に感化される。

年	年齢	出来事
1751年	45歳	ペンシルベニアでフィラデルフィア・アカデミー（のちのペンシルベニア大学）を設立［本文中1749年は記憶違い］。フィラデルフィアに病院を建てるのを手伝う。
1752年	46歳	凧を使った実験によって、雷の正体が電気であることを証明。
1753年	47歳	アメリカの郵政長官代理となる。
1754年	48歳	フランスとの戦争の気運が高まるなか、オールバニーで植民地連合の計画案を提案。
1755年	49歳	フレンチ・インディアン戦争において、イギリス軍の馬車や軍需品の調達に奔走する。

1756年	50歳	イギリス王立協会会員に推薦される。
1757年	51歳	道路の舗装に関する法案を植民地議会に提出。 防衛費に関する話し合いのため、植民地議会を代表して渡英する。
1771年	65歳	自伝の執筆を始める。
1776年	70歳	独立宣言書起草委員に選ばれる。 7月4日、アメリカ独立宣言。
1784年	78歳	自伝の続稿を書き始める。
1790年	84歳	4月17日、死去。国葬に付される。

すらすら読める3ポイント

1 ▶『フランクリン自伝』とは？

BOOKS

アメリカ建国の父として名高いベンジャミン・フランクリンの自伝。自己啓発書の原点とされ、200年以上も読み継がれるロングセラー。彼は独立宣言の起草の他にもアメリカ初の公共図書館設立、ペンシルベニア大学の前身創設を行った。また、凧を使って雷が電気であることを証明したり、新型ストーブ、遠近両用メガネなどを発明したりするなど、政治家、外交官、作家、物理学者、気象学者、発明家としてさまざまな分野で大きな功績を残した。アメリカの100ドル紙幣にその肖像画が描かれている。

2 ▶ イギリスによるアメリカの植民地統治

KEY POINT

17世紀から18世紀にかけてアメリカには13のイギリスの植民地があった。いくつかの統治体制があったが、フランクリンの住むペンシルベニア植民地は領主植民地と呼ばれ、イギリスの領主によって支配されていた。領主は知事や植民地議会議員を指名し、思った通りに組織できた。

3 ▶ 本書にでてくるアメリカの都市

KEY WORDS

『フランクリン自伝』で言及される主なアメリカの地域や都市を以下、地図上に示しておく。

[注]
・改行、1行空きなどは編集部で適宜調整した。
・小見出しや太字は編集部の方で新たに付け加えた。
・本文中［　］内は訳注。
・本文中の表現はできるだけ原文を尊重した。

第1章

わが先祖について／ボストンでの少年時代

1771年、トワイフォード村
聖アサフ主教の屋敷にて

息子へ

私は昔から、自分の先祖のちょっとしたエピソードを知るのが好きだった。おまえと一緒にイギリスを旅行したとき、イギリスにとどまっている親戚のことをあれこれ調べたり、いろいろな場所をまわったりしたのも、先祖のことを知りたい一心からだった。おまえもきっと、自分の知らなかった父の顔を知れば、この喜びをわかってくれるだろう。私がどんな人生を送ってきたのか、おまえはまだ知らない。ありがたいことに、あと1週間ぐらいはこの村でのんびりできそうだから、これを機に私の人生について記しておくことにする。

これはおまえのためだけでなく、ほかにもいくつかの理由がある。私は名もなき家に生まれ、貧しい暮らしのなかで育ったが、いまではこうして裕福になり、それなりの名声を手にしている。生涯を通じて、私は多大な幸運に恵まれてきた。神のご加護を一身に受け、そのおかげで成功を収めたといってもいい。

私の子孫たちは、私がこれほどうまくやってこられた理由を知りたがるだろう。**私がしてきた数々の工夫のなかには、ほかの人の人生にも役立つものがある。自分に合ったかたちで、日々の生活に取り入れてみてほしい。**

この恵まれた人生を振り返ると、ときどきこう言いたくなる。
「人生をもう一度繰り返すよう言われたとしても、私は拒否するつもりはない。ただし、作家が初版の間違いを第2版で訂正するくらいの便宜は図ってほしい」と。

そうすれば、間違いを訂正し、好ましくない事件や出来事をいい方向に書き換えられる。だが、たとえこの頼みが聞き入れられなかったとしても、私は同じ人生を繰り返すことを選ぶだろう。とはいえ、現実的にいえば、人生を繰り返すことなど誰にもできはしない。これまでに歩んできた道をもう一度たどるのに最も近い方法は、人生を振り返り、思い出を紙に書き記し、少しでも長く世に残しておくことだ。

虚栄心は大事

だから私も、世の中の年寄りたちと同じように、自分の身の上話や武勇伝を語ろうと思う。こうして紙に書くだけなら、若者を嫌々付き合わせなくてすむ。読むか読まないかはめいめいが自由に決めればいい。

また、回想をつづることで、自分の虚栄心を満たしたいとも思っている。こればかりは、否定したところで信じてもらえないだろうから、あえてはっきり言わせてもらった。だいたい、「自慢するわけではありませんが……」という言葉のあとには、どうでもいい自慢話が続くのが世の常というものだ。

虚栄心が強い人は数多くいるが、他人の虚栄心を好む人はあまりいない。しかし、**私は他人の虚栄心をできるだけ好意的にとらえるようにしている。虚栄心は、本人にとってもまわりの人にとっても、けっして悪いものではない。人生のさまざまな喜び**

に加え、虚栄心という気持ちまで与えてくださった神に感謝するのは、別におかしなことではないのだ。

さて、「神への感謝」に関連して、もうひとつ言っておきたいことがある。私が数々の幸運に恵まれたのは、ひとえに神のご加護があったからだ。私は神のお導きに従って日々を送り、成功を収めてきた。

「神を信じれば、これからも同じご加護が与えられ、幸運に恵まれ、ふつうの人では耐えられないような逆境をも乗り越えられる」と安易に考えるわけにはいかないが、そう期待している自分もいる。なぜなら、私の運命は神が握っておられるからだ。幸運に恵まれるか、あるいは不運に見舞われるかは、すべて神の御心しだいなのだ。

フランクリン家の歴史

昔、伯父のひとりが、先祖のこまごまとした話をまとめた手記をくれた（その伯父は、私と同じく先祖のエピソードを集めるのが好きだった）。そこには、私の先祖がイングランド中部のノーサンプトンシャー州にあるエクトンという村に少なくとも300年は住んでいたと書かれていた。いつからエクトンに住んでいたのかは伯父も知らなかったようだが（おそらく、イギリス国民全員が姓をもつ制度が生まれ、それまでは身分を示す言葉だった「フランクリン」が正式な姓になったときだろう）、先祖はおよそ30エーカーの自由保有地を有し、鍛冶業を代々営んでいた。伯父の代までは、フランクリン家の長男は必ず鍛冶の技術を仕込まれており、伯父も私の父も自分の長男には鍛冶修業をさせた。

私はエクトンで戸籍簿を探したことがあるが、出生、結婚、埋葬に関する記録は1555年以降のものしか保管されていなかった。しかし、そのときに見つけた戸籍簿によって、自分の先祖が5代にわたってみな末っ子だったとわかった。

私の祖父のトーマスは1598年に生まれた。祖父はずっとエクトンに住んでいたが、歳をとって仕事ができなくなると、オックスフォードシャーのバンベリーで染物業を営んでいた息子、ジョンの家で暮らしはじめた（私の父は、小さいときにジョンのもとで見習い修業をした）。やがて祖父は亡くなり、バンベリーに埋葬された。1758年にイギリスに行ったとき、おまえも墓を見ただろう。

祖父の長男のトーマスはエクトンの家に住んでいたが、彼の死後、家と土地はひとり娘の手に渡った。だが、ウェリングバラに住むフィッシャーという男と結婚していたこの娘は、家と土地を現在の領主であるアイステッド氏に売ってしまった。祖父にはトーマスのほかにも、ジョン、ベンジャミン、ジョサイアという3人の息子がいて、みな無事に成人を迎えている。

あいにく、伯父の手記が手元にないので、彼らについては覚えていることだけ記す。もし、私の留守のあいだに手記がなくなっていなければ、もっと多くの事実がそこに書かれているはずだ。

長男のトーマスは、祖父のもとで鍛冶修業をさせられた。頭がよかったトーマスは、ほかの兄弟たちと同じように、その教区を代表する有力者であるパーマー氏の後押しを受けて学問に励んだ。

やがて公証人の資格をとり、ノーサンプトンで名の知られる男になると、郡や町や自分の村のためにみずから中心となって公共事業を推し進めた。

さらに、当時のハリファックス卿に目をかけられ、多大な後援を得てもいた。トーマスに関しては、いまも多くのエピソードが残されている。

1702年、旧暦の1月6日にトーマスはこの世を去った。私が生まれるちょうど4年前だ。トーマスの生き方や性格は私のそれとよく似ていた。エクトンの老人たちからトーマスの話を聞いたとき、おまえがこう言ったのを覚えている。
「もし、そのトーマス伯父さんがあと4年遅く亡くなってたら、お父さんはトーマス伯父さんの生まれ変わりだと思われたかもね」

ベンジャミン伯父さんの名前をもらう

次男のジョンは、毛織物の染物職人として育てられた。一方、ロンドンに見習い修業に出ていた三男のベンジャミンも染物業を営んでいて、こちらは絹織物が専門だった。

子どものころ、ボストンの父の家で何年か一緒に暮らしたことがあるので、ベンジャミン伯父さんのことはよく覚えている。頭のいい人で、かなりの高齢まで生きた。彼の孫のサミュエル・フランクリンは、いまもボストンに住んでいるはずだ。

ベンジャミン伯父さんは、四つ折判で2冊ぶんの原稿を残してこの世を去った。それは彼が友人や親戚に宛ててときどき書いていた短い詩で、なかには私に宛てたものもあった。また、ベンジャミン伯父さんは独自の速記法を編み出していた（私も教えてもらったが、その後まったく練習をしなかったので、すっかり忘れてしまった）。

父とベンジャミン伯父さんはとても仲がよかった。私がこの伯父の名前をもらったのもそのためだ。それから、ベンジャミン伯父さんは信仰心があつかった。しょっちゅう教会に通い、高名な牧師の説教に耳を傾け、得意の速記術を駆使してノートに書きとめた。彼が書いたノートは何冊にものぼる。

さらに、この伯父は政治に対しても並々ならぬ興味をもっていた。彼の社会的立場を考えると、いささか分不相応といえるほどだ。

この前、ベンジャミン伯父さんが収集したパンフレットの山をロンドンで偶然手に入れた。1641年から1717年までの公共問題に関するパンフレットだ。番号を見たところ、抜けている号も少なくなかったが、それでも二つ折判が8冊、四つ折判と八つ折判が合わせて24冊もあった。そのパンフレットの山を見つけたのは、私がときどき利用する古本屋の店主だった。

その店主は私のことを覚えていて、わざわざ届けにきてくれたのだ。伯父はおそらく、50年前にアメリカに渡るときにそれらを残していったのだろう。ページの余白には、伯父のものと思われる書き込みがたくさんあった。

この名もなき私の一族は、早い時期から宗教改革運動にかかわっていた。メアリー女王の治世下でカトリック教会に反抗したため、迫害される危険があったが、それでも彼らはプロテスタントでありつづけた。家にあった1冊の英訳聖書は、組み立て式スツールの座面の裏に、ページを開いたままひもで結びつけてあった。

私の祖父の祖父にあたる人は、その椅子を逆さにしてひざの上に乗せ、ひもをつけたままページをめくって家族に読み聞かせた。彼が聖書を読むときは、子どものひとりがドアの前に立ち、宗教裁判所の役人が来ていないかを見張った。もし役人の姿が見えたら、スツールをひっくり返せば聖書をもとどおり隠せるというわけだ。

これは私がベンジャミン伯父さんから聞いた話だ。私の一族は、チャールズ2世の治世が終わるころまではイギリス国教会に属していた。だがその時期、国教に従わずに追放された牧師の何人かが、ノーサンプトンシャー州で秘密の集会を開くようになった。ベンジャミン伯父さんと私の父ジョサイアは、国教を捨てて集会に加わり、その後は生涯にわたってその信仰を守った。一方、フランクリン家のほかの者たちはイギリス国教会員でありつづけた。

私の父はどんな人だったのか

私の父は若いときに結婚し、1682年ごろに妻と3人の子どもを連れてアメリカのニューイングランドに移住した。イギリスでは、非国教徒の秘密集会が法律で禁じられていて、妨害を受けることもめずらしくなかった。

そのような状況で、父の知人のなかでも名の通った人たちがニューイングランドに移ることを決め、父にも声がかかった。ジョサイアは、ニューイングランドなら信教の自由があると考えて移住を決意したのだ。ニューイングランドに移ってから、ジョサイアと妻はさらに4人の子どもに恵まれた。

その後、ジョサイアは再婚し、2番目の妻とのあいだにも10人の子どもを儲けたので、子どもは全部で17人になった。そのうちの13人で父と一緒に食卓を囲んでいたときのことは、いまでもよく覚えている。やがて13人全員が無事に大人になり、家庭をもった。私が生まれたのはニューイングランドのボストンだ。下にふたりの妹がいたが、男兄弟のなかでは末っ子だった。

私の母は、父にとっては2番目の妻だった。名前はアビア・フォルジャーといい、ニューイングランドの最初の移民のひとり、ピーター・フォルジャーの娘にあたる。ピーター・フォルジャーは、ニューイングランド教会史『アメリカにおけるキリストの大いなる御業』のなかで、著者のコットン・マザーに「信心深く学識のあるイギリス人」と評されている（もしかしたら少し違う表現だったかもしれないが、このような賞賛を受けた人物なのは確かだ）。

彼は時事的なテーマを扱った短い詩をいくつも書いたようだが、出版されたのは一編だけだ。ずいぶん前に、私もその詩を目にしたことがある。1675年に書かれたもので、当時の空気や人々を想起させる素朴な韻文体が用いられていた。

その詩は政府当局者に宛てて書かれ、信教の自由を説き、そのとき迫害を受けていた浸礼教会員《バプテスト》やクエーカー教徒らを擁護している。そして、インディアンとの戦いをはじめ、自分たちに降りかかる数々の苦難はそうした迫害に起因するものであり、非道な行為を罰する神の裁きなのだから、迫害につながる法律はただちに撤廃すべきだというメッセージが込められている。

初めて読んだとき、全体的に上品でありながら、男らしい奔放さを備えた詩だと思った。最初の2行は忘れてしまったが、そのあとの6行は覚えている。作者がその6行で言わんとしているのは、「自分の批判は純粋な善意によるものだから、進んで名を名乗っておこう」ということだ。

誹謗者よばわりされるのは（と作者は書いている）
実に遺憾なことではあるが
私が暮らすシャーバーンの町から
あえてこの名を明かしておこう
あなたの悪意なき真の友
われはピーター・フォルジャーなり

私の兄たちは、それぞれ異なる仕事の見習い修業をさせられた。8歳のとき、私はラテン語学校に通うことになった。父は「10分の1税」のように、10人いる息子のひとりを神に仕えさせようと考えたのだろう。私は字を覚えるのが早かった。字が読めなかったときの記憶がないので、かなり早かったのだと思う。

そんな私を見て、父の友人たちが「この子は学者になるに違いない」と口々に言ったので、父もすっかりその気になり、私を学校に入れることにしたのだ。これにはベンジャミン伯父さんも賛成し、「もし私の速記術を覚える気があるのなら、これまでに書きためた説教集をすべてあげよう」と言ってくれた。おそらく、私が牧師になったときに財産になると思ったのだろう。

結局、ラテン語学校には1年足らずしか通わなかったが、その1年のあいだに私の成績はみるみる上がっていった。最初はクラスの真ん中ぐらいだったのが、すぐに首席になり、そのうち2年生のクラスに移された。学年が終わるころには、3年生のクラスに進級することが決まっていた。

しかし当時の父は、大勢の子どもを養うだけで精一杯で、高等学校の費用を捻出するのはまず不可能だった。それに、きちんとした教育を受けて牧師になったところで、裕福な生活が望めるわけではない（と、父が友人に話しているのを聞いた）。

こうした理由から、父は当初の考えを変え、当時有名だったジョージ・ブラウネル氏が経営する学校に私を転校させた。ブラウネル氏は学校経営で大きな成功を収めた人で、のびのびとした雰囲気のなかで生徒の意欲を刺激する教育に定評があった。私は彼のもとで読み書きと算術を学んだ。ブラウネル氏のすばらしい指導のおかげで作文の腕は上がったが、算術のほうはまるでだめで、少しも成長しなかった。

10歳のとき、私は家に連れ戻され、父の商売を手伝うことになった。仕事は獣脂ろうそくと石鹸の製造だったが、これは父が修業をして身につけたものではない。ニューイングランドに越してきてまもなく、それまでと同じ染物業では需要が少なすぎて家族を養っていけないことに気づいた父は、新たにこの商売を始めたのだ。こうして私は、ろうそくの芯を切ったり、獣脂を型に流し込んだり、店番をしたり、お使いに出たりして、父の仕事を手伝うようになった。

子どものころから他人に尽くす人間だった

私はその仕事が好きではなかった。私はとにかく海に憧れていて、船乗りになりたかった（父は頑として反対したが）。海の近くに住んでいたこともあり、私はよく海で遊んだ。おかげで幼いときに泳ぎを覚え、ボートも漕げるようになった。ほかの子どもたちとボートやカヌーに乗るときは、きまって私がリーダーを務めた。

また何か面倒事が持ち上がったときも私がみんなのまとめ役になった。だが、友人たちをひどい目に遭わせたことも少なくない。

ここで、ひとつ例を紹介しよう。この話を聞いたらわかるだろうが、私は幼いころから他人に尽くす人間だった。やり方に問題があったのは認めるが。

私たちの遊び場の近くには水車用の貯水池があり、その先には干潟が広がっていた。私たちは、満潮になるとよくその干潟に小魚を釣りに行った。だがある日、みんなで干潟のまわりを歩き回るうちに、地面がぐちゃぐちゃになってしまった。

そこで私は、近くに積んである石材を使って釣りのための足場をつくろうと提案した。ちょうど干潟の近くに、家を建てるための石材が大量に積んであるのを知っていたのだ。足場をつくるのにもってこいだった。

私たちは、夕方になって職人が帰るのを見計らってから、石材を干潟まで運んだ。さながら働きアリのように、ときにはひとつの石を数人がかりで持ち上げて、最終的にすべての石材を運び出すことができた。翌朝、石材がひとつ残らずなくなり、代わりに立派な足場ができているのを見た職人たちは仰天し、誰がやったのかを調べはじめた。まもなく私たちがやったことがばれ、職人から文句を言われた。私を含む仲間の何人かは、父親からこっぴどく叱られることになった。

「みんなの役に立ちたかったんだ」と私は言ったが、父からはこんな言葉が返ってきた。**「正しい方法でやらなければ、どんな仕事も人の役には立たない」**

いろいろな問題を解決した父

私の父についてもう少し話しておこう。父は背丈こそ人並みだったが、体つきは立派で、とても丈夫だった。頭がよく、絵も上手で、楽器も少し弾けた。声は澄んでいて、よく通った。夜、仕事を終えた父がバイオリンを弾きながら讃美歌を歌うたびに、私はうっとりと聴きほれたものだ。さらに、父には機械いじりの才もあり、違う業種の職人の道具でさえ器用に使いこなした。

だが、父の最大の美点はもっと別のところにある。彼はいつも、私的なことであれ公的なことであれ、むずかしい問題を前にしたときは、状況を的確に理解して堅実な判断を下すことができた。しかし、その才能が公の場で発揮されることはなかった。苦しい家計を支えながら大勢の子どもを育てなければならなかった父は、ただひたすら自分の商売に打ち込んでいた。

それでも、町の有力者たちは頻繁に父を訪ねてきた。さまざまな人が、町のことや父が所属する教会のことで相談をもちかけ、父の見解や忠告を聞いて感心していたのを覚えている。どこかで喧嘩があったときも、父はよく仲裁役を任された。

また、知的な友人や近所の人と食卓を囲むのが好きだった。**暇さえあれば家に人を招き、子どもたちが楽しめて、しかも教育になるような話題を持ち出した。その時間を通じて、生きていくうえで何が大切で、何が正しくて、どうするのが賢明なのかを、父は私たちに教えてくれたのだ。**

一方で、父は食卓に並ぶ食べ物には無頓着だった。料理の見栄えも、食材の旬も、味のよしあしも、まったく気にしなかった。そのため、私も食べ物にこだわらない人間に育った。目の前にどんな料理が置かれても、少しも興味を惹かれないのだ。いまでも夕食から何時間か経つと、自分が何を食べたかを忘れているほどだ。おかげで旅行のときにずいぶん助かっている。私と一緒に出かける人はみな舌が肥えていて、食べ物が口に合わないとひどく落胆するが、私にはそんな心配はない。

私の母も父と同じく体が丈夫で、10人の子どもを自分の母乳だけで育てた。父は89歳、母は85歳で亡くなったが、ふたりが生前に病気らしい病気にかかっているのを見たことはない。父と母が眠る墓はボストンにある。何年か前、私はそこに大理石の墓碑を建て、次のような碑文を刻んだ。

ジョサイア・フランクリンと
その妻アビア　ここに眠る

ふたりは仲睦まじく
55年間の結婚生活を送った
財産はなく　実入りのよい仕事もなかったが
不断の労働と勤勉により
神の祝福を受け

大勢の家族の和を育み
13人の子どもと7人の孫を立派に育て上げた
この碑文を読む人よ
この夫婦にならい
みずからを奮い立たせて天職に勤しみたまえ
神の摂理をけっして疑うことなかれ
ジョサイアは敬虔かつ賢明な夫で
アビアは謙虚かつ貞淑な妻であった
ふたりの末の息子として
敬意を表して
この墓碑を建てる

ジョサイア・フランクリン　1655年生　1744年没　享年89歳
アビア・フランクリン　1667年生　1752年没　享年85歳

さまざまな職人を見ることができた子ども時代

私の子ども時代の話に戻ろう。私は2年間、つまり12歳になるまで父の手伝いを続けた。かつて父に仕事を教え込まれた兄のジョンは、すでに結婚し、父のもとを離れてロードアイランドで自分の商売を始めていた。

父が兄の代わりに私をろうそく職人にしたがっているのは明らかだった。しかし、私はどうしてもこの仕事が好きになれなかった。嫌々働く私を見た父は、何か別の仕事を見つけなければ、息子が家を飛び出して船乗りになってしまうと考えた（兄のジョサイアも父のもとを去っていて、父はその苦い経験をずっと引きずっていた）。

やがて父は、折を見て私を外に連れ出し、指物《さしもの》職人、煉瓦職人、挽物《ひきもの》職人、真鍮細工職人といった職人たちの仕事場を見せて、私の反応を観察するようになった。どうにかして、私の目を陸上の仕事に向けさせようとしたのだ。そうした日々のなかで、私は熟練の職人が道具を使いこなすのを眺めるのが好きになった。

職人たちを見ているうちに、私も少しばかり道具を扱えるようになり、家や家具のちょっとした修理なら職人を呼ぶことなく自分でできるようになった。また、何か実験をしたくなったときに、必要な機械を自分でこしらえることも覚えた。おかげで、好奇心の赴くままにいろいろな実験をすることができた。

最終的に、父は私を刃物職人にすることに決めた。ちょうど、ベンジャミン伯父さんの息子のサミュエルが、ロンドンでの見習い修業を終えてボストンで商売を始めたばかりだったので、私はサミュエルのもとで技術を仕込まれることになった。だがサミュエルは、私の面倒を見る代わりだと言って、高額な料金を父に請求した。これに気を悪くした父は、修業が始まってから数日後に私を家に連れ戻したのだった。

第2章

印刷工として歩み出す

私は、子どものころから読書が好きだった。ささやかな収入のほとんどは本代に消えていった。

あるとき、『天路歴程』に夢中になったのを機に、私はジョン・バニヤンの作品集を集めはじめ、のちにそれらの本を売ってリチャード・バートンの「歴史叢書」(行商人が売り歩いていた安っぽい本で、全部で40~50冊ほどになる)を買った。

また、わが家には父の蔵書もたくさんあった。神学論争に関する本が多かったが、私はあらかた読破した。とはいえ、別に聖職者になりたかったわけではない。

知識に飢えていたあの時期に、もっと有意義な本が手元になかったことを、いままでも残念に思っている。父の蔵書のなかにはプルタルコスの『英雄伝』もあったので、私は何度となく読み返した。あの作品に触れた時間はとても有益だった。

ダニエル・デフォーの『企画論』や、コットン・マザーの『善行論』についても同じだ。これらの本を読み、新たな考え方を学んだことで、その後の私の人生は大きく変わることになった。

本好きが高じて印刷工に

やがて、私が大の読書好きだと知った父は、兄のジェームズに続いて私も印刷工にすることに決めた。1717年、ジェームズはイギリスから印刷機と活字を持って帰国し、ボストンで商売を始めていた。

印刷工の仕事は父の商売に比べたらずっと魅力的だったが、私はまだ、海に出たいという思いを捨てられずにいた。そのことに気づいていた父は、私が突拍子もない行動に出ないように、兄のところで働かせようと考えたのだ。

私はしばらくは父に反抗したが、最終的に説得され、契約書に署名をさせられた。私が12歳になって間もないときのことだ。契約書には「21歳までは見習い扱いで、一人前の給料が支払われるのは最後の年だけ」と書かれていたが、私はすぐに仕事を覚えて兄の右腕となった。

ジェームズの印刷所で働きはじめてから、すばらしい本を手にとる機会が増えた。また、見習いの書店員の友人もできて、ときどき小型の本を貸してもらえた。**私は借りた本はけっして汚さず、できるだけ早く返すようにした。**夕方に借り、自分の部屋で一晩で読んで、翌朝早い時間に返す。そうすれば、本が1冊足りないとか、客が探しているのに見つからないといったことにならずにすむからだ。

書いた詩集が売れることに

しばらくはそういう日々が続いたが、あるとき、マシュー・アダムズ氏という男性が私に声をかけてきた。アダムズ氏は、ジェームズの印刷所によくやってくる才気あふれる商人だ。彼は親切にもこう言ってくれた。

「よかったらうちに遊びに来なさい。わが家には本がたくさんある。読みたいものがあれば貸してあげよう」

そのころ、私は詩に夢中になっていて、自分でも短い詩を何編か書きためていた。

私の詩を読んだ兄は、ひょっとしたら金になるかもしれないと考えたようで、私をおだてて2編の物語詩《バラッド》を書かせた。

ひとつは、ワージレイク船長がふたりの娘とともに溺死した事件をとりあげた「灯台の悲劇」という詩で、もうひとつは、「黒ひげ」の異名をもつティーチという名の海賊について書いた船乗りの詩だ。どちらも当時話題になったテーマを扱っていたが、正直に言って、箸にも棒にもかからない代物だった。

しかし兄は、その物語詩《バラッド》を印刷すると、町で売ってこいと私に言った。すると、世間をにぎわせた事件を扱っていたこともあって、「灯台の悲劇」は飛ぶように売れた。私はすっかり有頂天になったが、そんな私を見た父は、冷ややかにこう言った。

「くだらない詩を書いて喜ぶなんて物乞いと同じだ」

その言葉のおかげで、私は詩人にならずにすんだ。父にああ言われなかったら、私はいまごろ三流以下の詩人になっていたかもしれない。だが、あのとき文章の書き方を学んだことは、私のその後の人生におおいに役立った。出世できたのもそのおかげだろう。あのとき、忙しい日々を送っていた私が多少なりとも文章力を身につけた方法を、ここで話しておきたい。

文章力を身につける方法

ボストンには、ジョン・コリンズという名の男が住んでいた。コリンズも私と同じく読書家で、私たちはとても仲がよかった。また、お互いに議論好きだったので、ときどき本気で議論を戦わせた。私が議論好きになったのは、父がもっていた神学論争に関する本に影響を受けたからだろう。

議論が好きな人間は、つい相手の言い分を否定してしまうので、まわりから嫌なやつだと思われやすい。会話に水を差したり、場をしらけさせたりして人の恨みを買うこともあれば、誰かと仲良くなるチャンスをふいにしてしまうこともある。私の経験から言わせてもらうと、**良識のある人はむやみに議論をふっかけたりはしない**。もっとも、弁護士や大学関係者、それからエディンバラ大学出身者たちは例外だが。

きっかけは忘れたが、女性は学問を修めるべきか、そもそも学問に打ち込む能力を備えているかというテーマについて、コリンズと議論したことがある。コリンズは、女は学問を修めるべきではないし、学問のための能力をもたずに生まれてくるものだと主張した。

私は、議論好きな性格もあって、コリンズの主張に反論した。コリンズは私より口がうまく、語彙も豊富だったので、理屈が通っているかどうかに関係なく、たくみな物言いで私を言い負かすことがあった。だがこのときは、私たちは結論を出す前に別れ、その後しばらく顔を合わせなかった。

私は自分の主張を手紙に書き、清書してからコリンズに送った。やがて返事が届いたので、今度はそれに対する返事を書いた。そういうやりとりを3回か4回繰り返したころ、手紙の束を父に見られた。

父は議論の内容には触れなかったが、文章に関してこんなことを言った。綴りと句読点の打ち方はおまえのほうが正確だが（これは印刷工の仕事のおかげだ）、表現の美しさと文章の明快さ、それから順序立てて書く技術に関しては相手のほうがずっとすぐれている、と。そして、私の文章のどこが問題なのかを具体的に示してくれた。父の指摘はどれももっともだった。その後、**私は文章を書くときは細かいところまで注意を払い、少しでもよいものを書くよう心がけた。**

文章に対する意識が変わったころ、『スペクテーター』紙〔18世紀イギリスの代表的な日刊紙〕の端本《はほん》の1冊（第3巻）を書店で見つけた。ほかの巻を読んだことはなかったが、私はそれを買い、何度も読み返した。内容はとてもおもしろく、文章も美しかった。自分もいつかこういうものを書きたいと思い、こんな訓練を始めた。

まず、新聞のなかからいくつかの記事を選び、それらがどんな内容かを示す簡単なメモを書く。書いたメモはそのままどこかにしまっておく。

数日経ったらメモを取り出し、新聞は見ずに、メモだけを頼りに可能なかぎり元の記事を再現する。

そして作業が終わったら、元の記事と自分が書いた記事を突き合わせ、間違いを訂正する。

この訓練を通して、自分の語彙が非常に少ないことと、知っているはずの言葉でさえ満足に使いこなせていないことを思い知った。そして、詩を書くのをやめていなければ、いまごろはもっと言葉を知っていたはずだと後悔した。詩を書くにあたっては、同じ意味で長さの違う単語を用いて拍子を合わせたり、同じ意味で音の違う単語を用いて韻を踏んだりしなければならない。つまり、四六時中さまざまな言葉を探し求め、自分のものにする癖がつくので、詩を書きつづけていれば嫌でも言葉を覚えたはずだと思ったのだ。

そこで、**今度はいくつかの記事を選んで韻文に書き直し、しばらくしてから元に戻すという訓練を始めた。**

ほかにも、ひとつの記事を読んで何枚かのメモを書き、適当に交ぜて数週間放置し、正しい順番を忘れたころに、最も適切だと思われる順番に並べ替えて記事を書いたりもした。この訓練によって、自分の考えを整理するすべを学ぶことができた。

こうして私は、元の文章と自分の文章を比べては間違いや粗を見つけ、何度となく訂正したが、ときどき細かいところで、話の順序や表現が元の記事よりもよくなっているように思えた。私はそのたびにすっかり舞い上がり、自分もそこそこの物書きになれるかもしれないと自信をつけた。

文章の訓練と読書には、仕事を終えたあとの夜の時間か、仕事を始める前の朝の時間、あるいは日曜日をあてた。日曜日は、ほかの人と一緒に教会に行くのをできるだけ避け、ひとりで印刷所で過ごすようにした。父のもとにいたころは、日曜の礼拝にはぜったいに出るよう言われていたし、私自身それを義務だと思っていたのだが、兄のところに来てからは礼拝のために時間を割こうと思えなくなっていた。

菜食主義に目覚め自炊を始める

16歳ぐらいのころ、トライオンという人が書いた菜食に関する本を読み、私も実践してみようと思い立った。しかし、兄のジェームズは当時まだ独身で、見習いの印刷工と一緒に知人の家で食事をとっていた。私だけが肉を食べないというのは、兄からすればずいぶん面倒な話だった。

「ばかなことはやめろ」と兄は文句を言ったが、私はすでにトライオンの本を読み、ジャガイモをゆでたり、米を炊いたり、簡単なプディングをつくったりと、ちょっとした料理ならできるようになっていた。

そこで兄に、これまで私のために知人に払っていた食費の半分をくれるなら、これからは自炊をすると言った。この条件を聞くと、兄はすぐに了承してくれた。実際に自炊をしてみると、兄からもらえるお金のさらに半分で事足りることがわかったので、私は浮いたお金で本を買うようになった。

さらに、自炊にはもうひとつ利点があった。兄とほかの印刷工が食事に出かけているあいだ、印刷所には私しかいなくなるのだ。私は食事の時間になると、ビスケットやパン、ひとつかみのレーズン、菓子屋で買った果物入りのパイといった軽食と、グラス1杯の水で急いで食事をすませ、兄たちが帰ってくるまで勉強に励んだ。**飲食を節制すると、頭がさえて理解が早くなる。おかげで私の勉強はおおいにはかどった。**

算数を克服

前にも書いたが、私はとにかく計算ができなかった。学校では2度の挫折を味わい、学校をやめてからもずっと苦手で、そのせいで恥をかくこともたびたびあった。だがあるとき、一念発起してコッカーの算数の本を開いてみたところ、どの問題もすんなり解けた。さらに、セラーとスターミーの航海術の本を読み、そこに書いてある程度の幾何学なら理解できるようにもなった（結局、それ以上の知識は身につけなかったが）。ロックの『人間知性論』や、ポール・ロワイヤル修道院の学者たちが書いた『思考の方法』を読んだのもこの時期のことだ。

ソクラテスの問答法で学んだこと

文章の勉強に精を出していたころ、私は1冊の英文法書に出会った。たしかイギリスの文法学者グリーンウッドが書いたものだったと思う。巻末には修辞学と論理学についての説明が載っていて、論理学のほうはソクラテス式問答法の紹介で締めくくられていた。

その後まもなく、私はクセノポンの『ソクラテスの思い出』を手に入れ、ソクラテス式問答法のさまざまな例を知った。私はソクラテスの手法に魅了され、それまでのように相手の意見を真っ向から否定したり、自分の意見を通そうと躍起になったりするのをやめた。**ソクラテスのやり方にならい、あくまでも謙虚な態度を装いながら、相手に質問や疑問を投げかけるようにしたのだ。**

ちょうどその時期、イギリスの倫理学者シャフツベリーやイギリスの理神論者コリンズの著作を読んだことで、私はキリスト教の教義の多くの点に疑問を抱いていた。だが、この新たな手法を用いれば、信心深い人たちから反感を買わずにすむし、いざ議論になったとしても負けなかった。

やがて、自分よりはるかに知識のある人が相手でも最後には言い負かせるほどになった。私の質問によって、予想していなかった方向に話が進み、相手が自分から泥沼にはまってしまうこともたびたびあった。そういうときは、私の意見が正しいかどうかはっきりしなくても、議論の勝者は私ということになる。

数年間はそんな調子で人と議論を重ねたが、やがて私の議論の仕方は少しずつ変わっていった。ただし、**謙虚な態度で自分の意見を口にするという習慣だけは変えなかった。**

議論をするときは謙虚に

私は、論争を呼びそうな意見を口にするときは、「確実に」とか「疑う余地なく」といった断定的な言葉は使わず、「私はこう思う」「こういう理由から、私にはこうだと考えられる」「こう考えるのが妥当だと思う」「もし私が間違っていなければ、おそらくこうだろう」といった言い方をするようにした。こんなふうに伝えれば、相手はこちらの言葉に耳を傾けてくれる。自分が立てた計画について、周囲の賛同を得なければならないときなどは、この方法がおおいに役立った。

会話の目的は、情報を与えたり、与えられたり、相手を喜ばせたり、説得したりすることだ。しかし、独断的で傲慢な言い方をすれば、相手を不快にし、反感を抱かせ、情報や喜びを与え合うという会話の本来の目的が損なわれてしまう。だから良識ある人は、発言に気をつけ、自分の美徳をすり減らさないよう心がけてほしい。人に何かを教えるときに横柄な物言いをすれば、相手はおそらく反発を覚え、こちらの言葉に耳を傾けてくれなくなる。反対に、誰かの教えを受けるときも、自分の意見に固執するような発言は控えたほうがいい。

分別のある人は議論を好まないので、こちらの言い分が間違っていても、まず指摘してもらえないからだ。横柄な態度をとっていたら、相手を喜ばせて好印象を与えることも、相手を説得して同意を得ることもできない。

ポープ［イギリスの詩人］は次のような言葉を残している。

「人にものを教えるときは、教えているという態度をとってはならない。相手が知らないことでも、その人がたまたま忘れているかのように持ち出すこと」

彼はこうも書いている。

「確かなことでも自信なさそうに話すこと」

ポープは、これに次の言葉を続けるべきだったのではないか。

「なぜなら謙虚さの欠如は良識の欠如を意味するからだ」

しかし彼は、別の言葉と組み合わせて次のようにしてしまった。

「あつかましい言葉を正当化するすべはない。

なぜなら謙虚さの欠如は良識の欠如を意味するからだ」

私には、この組み合わせは適切ではないように思える。もし、不幸にも良識を欠いた人がいたとしたら、「あの人は良識がないから、多少あつかましいことを言うのも無理はない」と正当化されてもいいのではないか。個人的には、次のようにするのがいいと思っている。

「あつかましい言葉を正当化するすべはひとつしかない。謙虚さの欠如は良識の欠如を意味する、と考えることだ」

ポープについて語るのはこれくらいにしておこう。私より賢い人が結論を出せばいいことだ。

兄ジェームズが新聞発行を始める

私の兄のジェームズは、1720年（1721年だったかもしれない）に『ニューイングランド・クーラント』の発行を始めた。アメリカでは『ボストン・ニューズレター』の次に古い新聞だ。ジェームズが新聞を発行すると聞いたとき、彼の友人の何人かがこう言ったのを覚えている。

「アメリカに新聞はふたつもいらない、新しい新聞を出したところでうまくいくはずがない」

しかし現在（1771年）、アメリカでは少なくとも25紙を超える新聞が発行されている。結局、兄は友人たちの反対を押し切って新聞の発行に着手した。私の仕事は、組版と印刷、それから印刷した新聞を町の読者たちに配達することだった。

兄の友人のなかには頭のいい人もいて、みな兄の新聞に短いコラムを寄稿するのを楽しみにしていた。彼らのコラムのおかげで、『ニューイングランド・クーラント』の評判は上がり、売れ行きもよくなった。その友人たちはよくわが家にやってきて、兄といろいろな話をした。

彼らの会話や、彼らが書いたコラムが高い評価を受けているという話を聞いているうちに、私もその輪に入って自分の腕を試したくなった。だが、私はまだ子どもだったし、私が書いた文章を兄が新聞に載せてくれるとは思えない。

そこで、どうにかして筆跡を変え、匿名のコラムを執筆することにした。書き上げたコラムは夜のうちに印刷所のドアの下から中に滑り込ませておいた。翌朝、私の原稿を見つけた兄が、家にやってきた友人たちにそれを読ませると、彼らは私の前で批評を始めた。みな、私のコラムを高く評価してくれた。

そのうち、作者は誰かという話で盛り上がり、文才も教養もあると言われていた物書きの名前を口々に挙げはじめた。彼らの会話を聞きながら、私は天にものぼる思いだった。

いまにして思えば、私のコラムはそこまで評価されるほどのものではなかった。兄の友人たちは、当時の私が思っていたほどすぐれた批評者ではなかったのだろう。

好評だった私のコラム

とはいえ、私はすっかり気をよくし、何度となくコラムを書いては同じようにこっそり印刷所に持ち込んだ。コラムはどれも好評だった。しばらくのあいだ、私は自分が書いたことを秘密にしていたが、誰の助けも借りずに執筆を続けるのには限界があった。そのうち書くことがなくなったので、私はすべてを打ち明けた。その後、兄の友人たちは私に一目置くようになったが、兄は一度もほめてくれなかった。おそらく、私が調子に乗るのではないかと心配したのだろう。たしかに、兄がそう思うのも無理はなかった。

この一件以外にも、私と兄のあいだでは意見の衝突が増えはじめていた。兄は日頃から、自分は「主人」で私は「徒弟」なのだから、私もほかの見習いたちと同じように働くべきだと考えていた。一方で私のほうは、実の弟をこんなふうにこき使うのは間違ってる、もっと優しくしてくれてもいいじゃないかと思っていた。

私たちの争いは、よく父のところに持ち込まれた。私の言い分が正しかったからなのか、私のほうが口がうまかったからなのかはわからないが、父はたいてい私の味方についた。

だが、兄は気が短く、暴力をふるうこともあったので、私の不満は日を追うごとにつのっていった。見習い修業にも嫌気がさし、どうにかして早く終わらせられないかとばかり考えていた。そんな私のもとに、思いがけないチャンスが舞い込んできた。

発行元が私になった新聞

あるとき、兄が『ニューイングランド・クーラント』に載せた記事が植民地議会の怒りを買った。内容はもう覚えていないが、何かの政治問題に関する記事だったと思う。兄は連行され、戒告され、1か月も身柄を拘束された（おそらく筆者の名を明かさなかったせいだ）。私も議会に呼び出されて尋問を受けた。だが、徒弟が主人の秘密を話すことはできないと思われたのか、たいしたことを答えてもいないのに、厳重注意を受けたのちに釈放された。

私は兄と仲が悪かったが、この出来事はさすがに許せなかった。兄が拘置されているあいだ、私は新聞の印刷を一手に担い、植民地議会を批判する記事を掲載するという思い切った手段に出た。このことを知った兄はとても喜んだが、ほかの人たちは私のことを白い目で見るようになった。誰も彼も、「この悪知恵の働く若造は、中傷と皮肉が好きでたまらないらしい」とでも言いたげな顔をしていた。兄を釈放するにあたって、植民地議会はこんな奇妙な命令を出した。

「ジェームズ・フランクリンは、今後二度と『ニューイングランド・クーラント』を発行してはならない」

兄は印刷所に友人を集め、これからどうすべきかを相談した。「新聞の名前を変えれば命令違反にはならないんじゃないか」と何人かが言ったが、兄はそのやり方には反対だった。話し合いの末、「これからはベンジャミン・フランクリン名義で新聞を発行するのがいちばん無難だろう」ということになった。とはいえ、兄が見習いの名前を使って新聞の発行を続けていたら、いずれまた植民地議会に目をつけられるのは間違いない。そこで兄は、私の古い契約書の裏に「完全に解雇した」旨を記して私に返し、いざというときはそれを見せて言い逃れできるようにした。

そして一方で、私をそれまでどおり働かせるために、本当の契約期間を記した新しい契約書を作成して私に署名させ、人前に出さずに保管することに決めた。見えすいた小細工だったが、すぐに実行に移され、それから数か月間は私の名義で新聞が発行された。

兄との確執とボストン脱出

しばらくすると、私と兄の仲はふたたび険悪になりはじめた。新しい契約書を人前に出す勇気が兄にあるとは思えなかったので、私は声高に「ぼくは自由の身だ」と主張した。卑怯にも、兄の弱みにつけ込んだというわけだ。いまでこそ、このことは私の人生における最初の誤り《エラッタ》だと思っているが、当時の私は罪悪感をほとんど覚えなかった。

兄はしょっちゅう発作的に怒り出して暴力をふるったので、私もいいかげん腹を立てていたからだ。しかし考えてみると、根はそこまで悪い人ではなかった。兄がよく怒っていたのは、私が生意気すぎたせいでもあったのだろう。

私が本気で出ていくつもりだとわかると、兄はすぐに裏工作を始めた。町中の印刷所をまわって私の悪口を吹き込んだのだ。そのせいで、どの印刷所も私を雇おうとはしなかった。私はニューヨークに行くことに決めた。印刷所がある町のなかで、ボストンから最も近いのがニューヨークだったからだ。それに、私は役人たちから目をつけられていた。兄が連行されたときの植民地議会の横暴な措置を考えると、ボストンにとどまっていては、そのうちひどい目に遭わされるかもしれない。

さらに、私がキリスト教の教義に疑問を呈すような発言をしてきたことで、敬虔な信者は私のことを「不信心者」とか「無神論者」呼ばわりするようになっていた。ボストンを離れる理由はじゅうぶんにあった。

しかし、私の決心はすでに固まっていたものの、今度は父が兄の味方についた。私がボストンを出ていくそぶりを見せたら、父が邪魔してくるのは目に見えていた。そこで、友人のコリンズに協力を仰いだ。コリンズはニューヨークの帆船の船長のもとへ行き、「若い男をひとり船に乗せてもらえないか」と頼んでくれた。その後、私は本を何冊か売ってお金をつくり、誰にもばれないように船に乗り込んだ。追い風のおかげで、3日後にはニューヨークに着いた。そのとき、私は17歳になったばかりだった。

家から300マイル離れた町で、知り合いはおらず、紹介状も持っていない。財産といえるのは、ポケットの中にあるわずかなお金だけだ。そんな状態で、私の新たな生活が始まった。

第3章 フィラデルフィアに入る

私はもう、船乗りになりたいとは思っていなかった。もしその夢を引きずっていたら、ニューヨークに着いてすぐに海に出ていたかもしれない。しかし、私はすでに印刷工の技術を身につけていたし、一流の職人としての自負心もあった。そのため、私が最初にしたのは、熟練の印刷工であるウィリアム・ブラッドフォード氏を訪ね、雇ってほしいと頼むことだった。

ブラッドフォード氏は、ペンシルベニアで最初に印刷業を始めた人だ。ジョージ・キースの事件［スコットランド生まれの宣教師ジョージ・キースが、クエーカー教徒の有力者と衝突したとき、ブラッドフォード氏はキースの側についたために罰せられた］があってペンシルベニアを離れてからは、ニューヨークで商売をしていた。ブラッドフォード氏は、私を雇うのは無理だと言った。最近は仕事が少なく、人手も足りているので、きみの頼みを聞くことはできない、と。だが、代わりにこんな提案をしてくれた。

「息子がフィラデルフィアで印刷業を営んでるんだが、この前、いちばん頼りにしていたアクイラ・ローズという男を亡くしたらしい。たぶん、息子のところなら雇ってもらえるだろう」

フィラデルフィアはニューヨークから100マイルも離れているが、ほかに選択肢はなかった。荷物はあとから船便で送ってもらうことにして、私は単身、ニュージャージーのアンボイ行きの船に乗った。

大変な航海

ニューヨーク湾を渡る途中、私が乗った船は突風に襲われた。ただでさえ古びていた帆はずたずたに引き裂かれ、キル海峡に入る前に船はそのままロングアイランドのほうへ押し流された。

一緒に乗っていたオランダ人の酔っぱらいが海に落ちたので、私はその男のもじゃもじゃの髪をつかんで船に引き上げた。頭まで海水に浸かったおかげで、男の酔いは少し醒めたようだった。彼はポケットから1冊の本を取り出し、乾かしてほしいと言って私に渡すと、そのまま眠ってしまった。男が渡してきたのは、私が昔から敬愛している作家、ジョン・バニヤンの『天路歴程』のオランダ語版だった。紙質は上等で、印刷もきれいで、銅版の挿画が入っていた。装丁は、私がそれまでに目にしたどの英語版よりも美しかった。当時の私は知らなかったが、この本はヨーロッパのさまざまな言語に翻訳されている。『天路歴程』以上に広く読まれている本は、おそらく聖書ぐらいだろう。

私の知るかぎりでは、ジョン・バニヤンは、叙述《ナレーション》と会話《ダイアローグ》を交ぜて物語を書いた最初の作家だ。バニヤンのこの手法は、読者を引きつけるのに非常に効果的だ。物語の山場にたどり着いた読者は、自分があたかも本当にその世界にいるような気持ちになるのだ。実際、ダニエル・デフォーも『ロビンソン・クルーソー』『モル・フランダーズ』『聖なる求婚』『家庭訓』といった作品でバニヤンの手法を模倣しているし、サミュエル・リチャードソンも『パミラ』をはじめとする作品で同じ手法を用いている。

ロングアイランドの海岸は石だらけで、大きな波が絶えず押し寄せていた。上陸するのは難しそうだった。

船は海岸の近くで錨を下ろし、島のほうに船首を向けた。まもなく、海岸に何人かの人影が見えた。その人たちは私たちに向かって何かを叫んでいた。こちらもそれに応えて声を張り上げたが、強風と波の音のせいで、お互いの声は届かない。

私たちは海岸に見えるカヌーを指さして、こっちまで来てほしいと頼んだが、やがて彼らはどこかに行ってしまった。私たちが何を言っているのかわからなかったのか、わかっていたのに無視したのかは、私には判断できなかった。

そのうち日が暮れて、風が収まるのを待つ以外にできることはなくなった。船頭と私は、夜のうちに少しでも寝ておこうと決めて、まだ服が濡れたままのオランダ人と一緒にせまい昇降口に入り込んだ。しかし、船首のほうから降りかかる波のしぶきのせいで、3人仲良くずぶ濡れになった。結局、一睡もできないまま朝を迎えたが、幸運にも風が収まり、私たちは日が暮れる前にアンボイに到着した。食料はいっさいなく、薄汚れた1本のラムを除けば飲み物もない、30時間の航海だった。

その晩、私は熱を出して寝床から出られなくなった。熱があるときは冷たい水をたくさん飲むといいと何かで読んだのを思い出して、私は水をたっぷり飲んだ。おかげで、夜のあいだに大量の汗をかき、一晩で熱がひいた。

朝になると、小舟で渡し場を渡り、50マイル離れたバーリントンに向かって歩いた。バーリントンからはフィラデルフィア行きの船が出ていると聞いていた。

ブラウン医師との出会い

その日は一日中ひどい土砂降りだった。私はぐっしょりと濡れ、昼になるころにはすっかり疲れていたので、目に入ったうらぶれた宿で次の日まで休むことにした。

家を飛び出したのは失敗だったかもしれないという気持ちがわきはじめていた。それに、私の格好はあまりにみすぼらしかった。いずれ、修業先から逃げ出した見習い職人ではないかと疑われ、捕らえられるかもしれない（実際、宿屋の人たちも、私の身元について疑わしそうにあれこれ尋ねてきた）。

だが私は、翌日も旅を続け、夕方には別の宿を見つけた。その宿はバーリントンから10マイルと離れておらず、経営者はブラウンという名の医者だった。

食事をとりながら、私はブラウン氏と世間話をした。私が読書好きだとわかると、彼はおおいに喜び、心を開いてくれた。私たちの交流は、その後ブラウン氏が亡くなるまで続いた。彼はイギリス中のあらゆる町のこと、そしてヨーロッパ中のあらゆる国のことをよく知っていた。おそらく旅回りの医者だったのだろう。教養があり、話もおもしろかったが、一方で驚くほどの不信心者だった。

私と知り合ってから数年後には、かつてコトン〔イギリスの詩人〕がヴァージル〔ローマの有名な詩人〕の詩をもじったのと同じように、聖書をもじってばかげた詩を書くというとんでもない行動に出たほどだ。

ブラウン氏は、聖書を低俗な笑いの種にしたのだ。それらの詩がもし出版されていたら、信仰心の弱い人たちに悪い影響を及ぼしたかもしれない。

だが幸いにも、ブラウン氏の書いた詩が世に出ることはなかった。

バーリントンに到着

ブラウン氏の宿で一晩を過ごした翌朝、私はバーリントンに着いた。ところが残念なことに、その日の定期船は私が到着するほんの少し前に出てしまっていた。その日は土曜日で、次に船が出るのは火曜日だという。

私は町に戻り、船の上で食べるためにしょうが入りクッキーを買った店に行って、これからどうすればいいかを相談した。すると、店のおばあさんは、「次の船が出るまで家に泊まっていきなさい」と言ってくれた。歩き疲れていた私は、その言葉に甘えることにした。

おばあさんは、私が印刷工だと知ると、このまま町に残って印刷所を開いたらいいじゃないかと言った。開業するのがどれほど大変かということは、彼女の頭にはないようだった。とはいえ、おばあさんはとても手厚くもてなしてくれ、夕食には牛のほほ肉まで出た。そして、何かお礼がしたいと私が言っても、頑として受けようとはしなかった（ビール1本だけは受け取ってもらえた）。

私はすでに、おとなしく火曜日を待つ以外にできることはないと思っていたが、夜に川沿いを散歩しているときに1艘の小舟を見かけた。話を聞いてみると、数人の客を乗せてこれからフィラデルフィアに向かうところだという。私も一緒に乗せてもらうことにした。

ようやくフィラデルフィアに上陸

風のない夜だったので、私たちは全員で舟を漕いだ。だが、いくら漕いでも町の灯は見えてこず、やがて何人かが「もう通り過ぎてしまったんだろう」と言って漕ぐのをやめた。ほかの乗客も、自分たちがどこにいるのかさっぱりわからずにいた。私たちはひとまず岸のほうに進み、支流に入り、古びた柵が見える場所から上陸した。10月の夜は寒かったので、柵の横木を燃やしてみんなで暖をとりながら日が昇るのを待った。あたりが明るくなったころ、その場にいたひとりが、「ここはフィラデルフィアより少し上流にあるクーパー川だ」と言った。

支流から出てみると、すぐにフィラデルフィアの町が目に入った。こうして、日曜日の朝8時か9時ごろ、私はフィラデルフィアのマーケット通りの波止場に上陸した。

ここまで、自分の旅についてかなり詳しく語ってきたが、初めてフィラデルフィアに入ったときのことも同じように詳しく書くつもりだ。そうすれば、いまの私からは想像もできないほど頼りなかったころの姿と、この町で成功を収めたあとの姿を比べてもらえるだろう。

フィラデルフィアに着いたとき、私は作業着姿だった。だいぶ汚れていたし、ポケットはシャツやら靴下やらでぱんぱんに膨れていた。しかし、手荷物はすべて船便で届く予定だったので、着替えることはできない。町には知り合いと呼べる人はおらず、宿がどこにあるかさえわからなかった。何時間も舟を漕いだせいでくたくたに疲れていて、眠気と空腹でどうにかなりそうだった。

さらに、私の全財産は1オランダドル札が1枚と1シリングぶんの銅貨だけだったが、銅貨のほうは舟を出してくれた人たちにあげてしまった。彼らは最初、「おまえも一緒に漕いだんだから金はいらないよ」と断ったが、私は払うと言って譲らなかった。**人は、お金をたくさん持っているときよりも、少ししか持っていないときのほうが気前がよくなるものだ。たぶん、文無しだと思われるのが怖いのだろう。**

まずパンを買う

私はひとまず、周囲をきょろきょろと見回しながら町の中心部に向かって歩いた。市場の近くを通ったとき、パンを持った少年の姿が目に入ったので、どこで買ったのかとその子に尋ねてみた。節食を心がけてきたおかげで、私はパンさえあれば食事をすませられるようになっていた。2丁目通りにあるパン屋だと教えてもらうと、私はすぐにその店に向かい、ボストンのパン屋でいつもそうしたようにビスケットを頼んだ。しかし、フィラデルフィアではビスケットはつくられていないようだった。しかたなく3ペンス・パンを頼んだが、それも売っていないという。

私はこのとき、フィラデルフィアとボストンでは貨幣の価値が違うことも、その店のパンが非常に安いことも、売られているパンの名前も知らなかった(正確にいうと、そんなことは考えもしなかった)。結局、最後にはこんな注文をした。「なんでもいいので、3ペンスぶんのパンをください」

するとパン屋は、巨大なロールパンを3つも手渡してきた。私はその大きさに唖然としたが、とりあえず3つとも受け取り、歩きながらひとつを食べることにした。ポケットにはもう何も入らなかったので、あとのふたつは両脇にひとつずつ抱えた。

私はそのまま4丁目通りまで歩き、のちに妻となる女性の父親、リード氏の家の前を通り過ぎた。

このとき、私の未来の妻は戸口に立っていて、私の姿を目にしたようだ。

「なんて不格好でおかしな人なんだろうって思った」と妻はのちに言った。

本当にそのとおりだったのだろう。

パンを食べながら道を折れ、チェストナット通りを過ぎてウォルナット通りを少し歩くと、またマーケット通りの波止場の近くに出た。

いつのまにか町をひとまわりしたようだ。私は乗ってきた舟に顔を出して、川の水を1杯飲ませてもらった。舟には、一緒にここに来た女性とその子どもが残っていた。ふたりはこの先も旅を続けるという。私はすでに満腹だったので、残ったふたつのロールパンをその女性と子どもにあげた。

少し元気になると、私はふたたびマーケット通りを歩いた。通りには着飾った人がたくさんいて、みな同じ場所に向かっているようだった。その人たちについて歩くと、市場の近くにある大きなクエーカー教徒の礼拝堂に着いた。中に入って腰を下ろし、しばらくまわりのようすをうかがってみたが、誰も言葉を発しなかった。

そのうち、前の晩の疲れが一気に押し寄せてきて、私はぐっすり眠ってしまった。よほど疲れていたのか、集会が終わって親切な人が起こしてくれるまで一度も目を覚まさなかった。そういうわけで、その礼拝堂は、私がフィラデルフィアで最初に滞在した家（正確には「最初に眠った家」）ということになる。

礼拝堂を出ると、さらに川のほうに下った。通りすがる人の顔を見ながら歩いていると、若いクエーカー教徒の男性が目に入った。感じのよさそうな人だったので、私は声をかけ、このあたりによそ者を泊めてくれる宿はないだろうかと尋ねてみた。彼は、すぐ近くにある〈スリー・マリナーズ〉という看板を指さして言った。
「そこの宿なら、初めてのお客さんでも泊めてもらえる。ただ、あまり評判がよくないんだ。もし時間があるなら、もっといいところを紹介するよ」

そして、ウォーター通りにある〈クルックド・ビレット〉という名前の宿に案内してくれた。私たちはそのまま宿で昼食をとった。しかし食事のあいだ、彼は意味ありげな質問をいくつか投げかけてきた。まだ若く、奇妙な格好をしている私を見て、どこかから逃げてきた見習い職人だと思ったようだ。

フィラデルフィアで印刷工として再出発

昼食を食べると、またもや眠気が襲ってきた。私は寝室に案内してもらい、服も脱がずにベッドにもぐり込んだ。午後6時に夕食の呼び出しで起こされたが、食事を終えるとすぐにベッドに戻った。今度は朝まで一度も目を覚まさなかった。

翌朝、ベッドから起き出すと、私はまず身なりを整え、印刷工のアンドリュー・ブラッドフォードのもとに向かった。アンドリューの印刷所には、ニューヨークで会ったウィリアム・ブラッドフォード氏の姿もあった。私より先に、馬でフィラデルフィアに来ていたという。ブラッドフォード氏が私を紹介すると、アンドリューは私を丁重に迎え、朝食まで出してくれた。

しかし彼は、私を雇うのはむずかしいと言った。この前、新しい人を雇ったので、いまのところ人手は足りているということだ。アンドリューはこう続けた。

「最近、この町で印刷業を始めたキーマーという男がいる。彼ならきみを雇ってくれるかもしれない。もしキーマーのところもだめだったら、そのときはここに戻っておいで。うちに泊まるのは大歓迎だ。それに、きちんとした働き先が見つかるまでなら仕事を少し頼めると思う」

私はブラッドフォード氏に付き添ってもらい、キーマーの印刷所を訪ねた。キーマーの顔を見ると、ブラッドフォード氏は親しげに声をかけた。

「やあ、どうも。今日は若い同業者を連れてきたよ。人手が必要だと思ってね」

それを聞いたキーマーは、私にいくつか質問をしたり、植字ステッキをもたせて私の技術を確かめたりしてから言った。

「あいにく、いまはまだ頼めるような仕事はないが、近いうちにぜひうちで働いてほしい」

キーマーがブラッドフォード氏に会うのはこのときが初めてだった。彼はブラッドフォード氏のことを「自分に好意をもっている町の誰か」だと思ったようで、計画している事業のことや今後の見通しについて自慢げに話していた。一方でブラッドフォード氏は、自分がキーマーの競争相手の父親だということはおくびにも出さなかった。

「いずれ、印刷の仕事の大半は私が手がけることになると思います」とキーマーが言えば、ブラッドフォード氏はあいづちを打ち、たくみに質問を投げかけ、欲しい情報を引き出した。最終的に、キーマーの考え方も、どんな後援者がいるのかも、この先どうやって事業を大きくするつもりなのかも、すべて明らかになってしまった。

ふたりの会話を聞いていると、ブラッドフォード氏がどれほど老獪《ろうかい》で、キーマーがどれほど未熟かがよくわかった。ブラッドフォード氏が先に帰ったあと、私はキーマーに本当のことを教えてあげた。そのときの彼の驚きようは忘れられない。

キーマーの印刷所に勤める

キーマーの印刷所には、だいぶくたびれた年代物の印刷機と、小さくすり減った14ポイントの活字がひとそろいあるだけだった。

彼はその活字を使って、アクイラ・ローズ（前にも述べた、アンドリューの右腕だった男だ）のための挽歌《エレジー》を組んでいた。ローズはまだ若かったが、才能にあふれ、人柄もよく、町中の人々の尊敬を集めていた。植民地議会の書記を務めながら、よく美しい詩を書いたようだ。

キーマーも詩を書いていたが、こちらはどれもひどい代物だった。そもそもキーマーは、頭に浮かんだ詩をそのまま活字にしてしまうので、詩を「書いた」とさえ言えないだろう。彼はこのときも、原稿を用意することなく、一対しかない活字をすべて使って挽歌《エレジー》を組んでいた。そういうわけで、私に手伝えることは何もなかった。私はとりあえず、キーマーの年代物の印刷機を調整して使えるようにした（キーマーはその機械を使ったことがないばかりか、印刷機に関してまるっきり無知だった)。

調整を終えると、「挽歌《エレジー》が組み終わったら印刷しにきます」と約束してアンドリューの印刷所に戻った。アンドリューは約束どおり私にいくつかの仕事をまわし、しばらくは寝床と食事も用意してくれた。

数日後、キーマーから「組み終わった」と連絡があったので、私は彼の印刷所を訪れた。すると、新しい活字箱が一対と、1冊のパンフレットが目に入った。キーマーは、そのパンフレットを再版する仕事を私に任せてくれた。

日を追うごとに、アンドリューもキーマーも印刷工としては話にならないほど未熟だとわかってきた。アンドリューは見習い修業をしていないうえ、教養がまったくなかった。キーマーのほうは、多少の教養こそあったものの、印刷については何も知らず、活字を組む以外には何もできなかった。

キーマーはかつて、〈フランスの予言者たち〉[フランス南部の狂信的な新教徒の一派、カミザール派のこと]の一員だったという。以前はほかの信徒と同様、異常なほどの興奮状態になることもあったようだが、私と会ったときは特定の宗教を信仰していなかった。時と場合に応じて、適当な宗教の信条を口にするのが彼のやり方だった。さらにこの男は、驚くほどの世間知らずで、根っからの悪党だった（後者はあとになってから気づいたことだ）。

キーマーは、私が彼の印刷所で働きながらブラッドフォードの家に下宿しているのをよく思わなかった。しかし、キーマーの家にはまともな家具もそろっていないので、私を住まわせることはできない。そこで彼は、自分の家主のところに私を下宿させることにした。

その家主というのが、先ほど紹介したリード氏だ。そのとき、船便で送った私の手荷物はすでに届いていて、着替えはじゅうぶんにあった。リード嬢の目に映った私は、汚い作業着を着てロールパンを食べながら歩いていたときに比べたら、多少はまともだったはずだ。

ボストンからの手紙

やがて、読書が好きな同年代の友人が何人かできて、夜は彼らと過ごすようになった。倹約しながら熱心に働いたおかげで、お金にも困らなかった。ボストンのことはなるべく考えないようにして、私は毎日を楽しんだ。

当分のあいだ、フィラデルフィアにいることを誰かに知らせるつもりはなかった。友人のコリンズにだけは手紙で伝えていたが、彼は誰にも言わずにいてくれた。

しかしある日、思いがけないことが起こり、急遽ボストンに戻ることになった。私には、帆船の船長を務め、ボストンとデラウェア間の貿易を手がけるロバート・ホームズという義兄がいたのだが、なんとその義兄が、フィラデルフィアから40マイルのところにあるニューキャッスルで私の話を耳にしたのだ。

私がそのことを知ったのは、彼から手紙が届いたからだ。手紙には、私がボストンを飛び出したせいでみんなが心配していることや、家族全員が私のことを大切に思っているといったことが書かれていた。

そして義兄は、「もしボストンに戻る気があるなら、何から何までおまえの希望どおりになるよう取り計らうつもりだ」と、熱心に帰郷を勧めてきた。私は返事を書き、忠告に対するお礼を伝えてから、ボストンを飛び出した細かな理由を書き添えた。私にも事情があったのだとわかってもらいたかった。

第4章 ボストンへの最初の帰郷

ちょうどその時期、ペンシルベニアの知事のウィリアム・キース卿がニューキャッスルを訪れていた。私の手紙を受け取ったとき、たまたま知事と一緒にいた義兄は、私の話をして手紙を見せた。手紙を読んだ知事は、私の年齢を聞いておおいに驚き、

「この前途有望な若者を応援してあげなさい」

「フィラデルフィアの印刷工はろくでもない連中ばかりだから、この若者が印刷業を始めれば間違いなく成功する」

「官庁の仕事はできるだけ彼にまわすし、それ以外にも私にできることがあれば協力しよう」

などと言ったようだ。

しかし、義兄からこの話を聞いたのは私がボストンに戻ったあとなので、当時の私は何も知らなかった。ある日、私とキーマーが窓の近くで仕事をしていると、ウィリアム卿と、もうひとりの身なりのいい男性（あとでニューキャッスルのフレンチ大佐だと知った）が、通りを渡って店のほうに歩いてくるのが見えた。まもなく、玄関のドアの向こうからふたりの声が聞こえた。

ペンシルベニア知事との出会い

自分の客が来たと思ったキーマーは、すぐに玄関まで駆け降りた。しかし知事は「フランクリンさんに会いにきました」と言ってそのまま2階に上がってきた。彼は、私がそれまで聞いたことがないような慇懃《いんぎん》なあいさつをすると、これから仲良くさせてほしい、というようなことを口にした。

そして、この町に着いたときになぜ自分に知らせなかったのか、と優しい口調で私をとがめてから、これからフレンチ大佐と上等のマディラ酒を飲みに行くところだから、よかったらご一緒してもらえないかと言った。これには私も驚いたが、キーマーのほうは毒を口にした豚のように目を丸くしていた。私は、知事とフレンチ大佐と一緒に3丁目通りの角にある酒場に行った。

マディラ酒を飲みながら、知事は私に開業するよう勧めてきた。自分とフレンチ大佐の人脈と影響力を使って、ペンシルベニアとデラウェアの官庁関係の仕事をきみに回そう、間違いなく成功するはずだ、と。

「しかし……父が援助してくれるとは思えません」と私が言うと、知事はこんな提案をした。「じゃあ、私がお父上に手紙を書いて、開業するとどんなメリットがあるかを説明します。そうすれば、きっと同意してくださるでしょう」

ボストンへの帰郷

こうして私は、次にボストン行きの船が出るときに、知事が父に宛てて書いた手紙を持って帰郷することになった。とはいえ、このことは誰にも言わず、出港の日を待ちながらキーマーの印刷所で働きつづけた。知事はその後も何度か私を夕食に誘い、優しく親しげに、まるで友達のように話をしてくれた。知事がそんなふうに接してくれることは、私にとってこのうえない名誉だった。

1724年4月の終わりごろ、ボストン行きの船が見つかった。私は、友人に会いに行くという口実でキーマーに休暇を願い出た。知事は約束どおり、父に宛てた手紙を書いてくれた。そこには、知事が私を高く買っていることや、フィラデルフィアで開業すれば間違いなく成功するから前向きに考えてほしい、といったことが書かれていた。

ところが、いざ船に乗って湾を下っている途中、私の乗った船は浅瀬に乗り上げてしまった。船体に穴があき、水が入り込んできた。海が荒れていたこともあり、船員と乗客は交代で休みなく水を汲み出さなければならなかった。大変な船旅だったが、私たちは2週間後にボストンにたどり着いた。実に7か月ぶりのボストンだった。

義兄のホームズはまだ戻っていなかったし、私の消息を手紙で知らせてもいなかった。つまり、家族も友人も、私がどこで何をしているのかをまったく知らなかったのだ。私がとつぜん戻ってきたことに家族はみな驚いたが、すぐに喜んで迎えてくれた。しかし、兄のジェームズだけは例外だった。私はジェームズに会いに印刷所を訪れたのだが、彼の態度はそっけないものだった。私は7か月前に比べてずっといい身なりをしていた。頭からつま先まで上等なものを身につけ、懐中時計をぶら下げ、ポケットには5ポンド近くの銀貨を詰め込んでいた。兄はそんな私をしばらく眺めると、背を向けて仕事に戻ってしまった。

印刷所のほかの職人たちは、私がいままでどこにいたのか、そこはどんな場所なのか、そこが気に入ったのか、といった質問を浴びせてきた。私は、フィラデルフィアがどれほどすばらしい町で、毎日がどれほど幸せだったかを自慢し、いずれまた戻るつもりだと言った。職人のひとりに、向こうではどんなお金が使われているのかと尋ねられたので、私は銀貨をひとつかみ取り出して並べてみせた。

当時、ボストンでは紙幣しか使われていなかった。初めて銀貨を目にする職人たちは、めずらしい見せ物でも眺めるような顔をしていた。最後に懐中時計を彼らに見せ、飲み代としてスペインドルを1枚手渡してから、私は印刷所をあとにした。私が職人たちと話しているあいだ、兄はずっと不機嫌そうな顔をしていた。

あとで母から聞いた話だが、このときの私のふるまいは兄の逆鱗に触れたようだ。後日、母は兄に会い、私と仲直りするよう頼んだという。兄弟がいがみ合う姿は見たくない、これからはもっと仲良くしてほしい、と。しかし、兄はこう答えた。

「あいつは職人たちの前でおれを侮辱したんだ。あいつがしたことは忘れられないし、許すこともできない」だが、これは兄の勘違いだ。

父の反対

父は知事からの手紙を読んで少し驚いたようだったが、とくに何も言わなかった。しかし数日後、義兄のホームズがボストンに戻ってくると、父はその手紙を見せ、キース氏を知っているか、どんな人物なのか、成人するまであと3年もかかる子どもに開業を勧めるなんて考えが甘すぎるのではないか、と問い詰めた。

ホームズは父をなだめ、なんとか同意してもらえるよう説得にかかったが、父は「うまくいくはずがない」と言って譲らなかった。結局、父はこの提案を断ることに決め、ウィリアム卿に宛てて丁重な手紙を書いた。内容はだいたい次のようなものだ。

「息子に目をかけてくださったことは、心より感謝しております。しかし、このような重大な事業の経営を任せるには、息子はまだ若すぎるのではないかと思います。加えて、開業にあたっては多額の資金も必要になりますので、少なくとも現時点では、息子が開業するための援助はできません」

友人のコリンズは郵便局で働いていたが、私の新しい町の話に魅入られてしまったようで、自分もフィラデルフィアに行くと言いはじめた。そして、私が父の決断を待っているあいだに、一足先に陸路でロードアイランドに向かってしまった。ボストンを発つ前、彼はこんな言葉を残していった。

「数学と自然科学に関する本がたくさんあるんだけど、持っていけそうにない。悪いけど、きみがここを出るときに持ってきてくれないか。ニューヨークで待ってるからさ」

父はウィリアム卿の提案こそ受け入れなかったが、私が新たな土地で高い地位の人から目をかけてもらったことや、熱心に働き、身なりに気を遣い、少し会わないうちに見違えるほど立派になったことはとても喜んでいた。そして、私と兄が仲直りするのは無理そうだとわかると、「フィラデルフィアに戻りたかったら戻りなさい」と言った。

このとき、父はいくつかの忠告をくれた。フィラデルフィアの人たちに敬意をもって接すること。まわりから尊敬されるように努力すること。私には皮肉や嫌味を口にする癖があるから、その癖を出さないように気をつけること。そして、最後にこう付け加えた。

「まじめに働いて、むだな出費を抑えれば、21歳になるまでにかなりのお金が貯まるはずだ。それでも開業資金に届かないようなら、足りないぶんは私が出そう」

ボストンを発つ日、私が両親から受け取ったものは、ふたりが「愛情のしるし」として贈ってくれたささやかなプレゼントと、父のこの言葉だけだった。こうして私は、今度は両親に見送られながら、ニューヨーク行きの船に乗り込んだ。

兄ジョンへの訪問

ニューヨークに向かう途中、船がロードアイランドのニューポートに寄港したので、私は兄のジョンを訪ねることにした。兄は数年前に結婚し、それ以来ニューポートに住んでいた。昔から私をかわいがってくれていたジョンは、私の顔を見ると喜んで家に迎えた。

このとき、家にはジョンの友人のバーノンという男もいた。私がフィラデルフィアに向かっていると知ると、バーノンはこんな頼み事をしてきた。

「実は、ペンシルベニアで35ポンドの金を受け取らなくちゃならないんだが、おれの代わりに受け取ってもらえないだろうか。無事に受け取ったら、送金方法を指示するまで預かっておいてほしい」

　私が承諾すると、彼は支払命令書を私に手渡した。この約束がのちに大きな不安の種となることは、そのときの私には知る由もなかった。

船上の3人の女性

　ニューポートでは、ニューヨークに向かう新たな乗客が乗り込んできた。そのなかに、ふたり連れの若い女性と、数人の召使いを連れた上品なクエーカー教徒の婦人がいた。私は、その婦人が困っているときはなるべく手を貸してあげた。

　私の親切に感銘を受けたのか、彼女のほうも私に好意をもちはじめたようだった。そのとき、私はふたり連れの女性とも多少親しくなっていたのだが（向こうから積極的に近づいてきたのだ）、そのようすを見た婦人は、私を物陰に呼び出してこう言った。

「わたくし、あなたのことがとても心配ですの。お連れの方もいらっしゃらないし、世間のことをあまりご存じないようにお見えですから。世間には、あなたのようなお若い方を待ち受ける危険な罠がたくさんありますのよ。あのふたりは、間違いなく悪い女ですわ。ふるまいを見れば、はっきりとわかります。用心なさらないと、きっと恐ろしい目に遭わされますわ。あなたは、あの女たちの正体をご存じないのです。ですから、わたくしは、あなたのためを思って、親切心からこんなことを申し上げているのです。あの女たちとお付き合いするのはおやめなさい」

正直なところ、女性たちが婦人の言うような悪い女だとは思えなかった。しかし婦人は、そんな私の気持ちを見抜いたようで、彼女たちが陰で何を言っていて、どんなことをしているかをこっそり教えてくれた。それを聞いてようやく、婦人の言葉が正しかったのだとわかった。私は婦人にお礼を伝え、今後は忠告どおりあの女性たちには近づかないと約束した。ニューヨークに着くと、ふたりの女性は私に住所を教え、ぜひ遊びにきてほしいと言ったが、私はその誘いには乗らなかった。われながら賢明な判断だった。

翌日になって、銀のスプーンなどの金目のものが船長の船室から盗まれていることが発覚した。船長はすぐさま、ふたりの女性の家を捜索する許可を得て、盗まれたものを見つけ出した。彼女たちは売春婦で、船長はそのことを知っていたのだ。

その後、ふたりの女性にはしかるべき処罰が下された。ニューヨークに着く前、私たちの乗った船は暗礁に接触し、すんでのところで難破を免れていた。だが私にとっては、難破を免れたことよりも、あの女性たちの難を免れたことのほうが大きな意味があった。

ニューヨークに到着する

私は、先にニューヨークに着いていたコリンズと落ち合った。私たちは子どものころから仲がよく、昔はよく横に並んで一緒に本を読んだ。私とは違い、コリンズには自由な時間がたくさんあり、その時間を読書や勉強にあてることができた。

彼はあらゆる面で優秀だったが、とくに数学に関しては、私など及びもつかない才能をもっていた。ボストンにいたときは、暇さえあればコリンズと話をして過ごしたものだ。コリンズは酒を飲まず、働き者で、教養もあった。牧師や町の偉い人たちは、彼がいずれ立派な人間になると信じて疑わなかった。

しかし、私がボストンを離れているあいだに、コリンズはブランデーを飲んで泥酔することを覚えていた。その習慣はニューヨークに来てからも変わらず、奇行に走ることもたびたびあったようだ（本人もまわりの人たちもそう言っていた）。そのうえ、博打にはまって金を使い果たす始末だった。私はコリンズの宿代を払い、フィラデルフィアまでの旅費と当面の生活費まで立て替えることになった。あまりに迷惑な話だった。

だが、ニューヨークではいいこともあった。当時ニューヨークの知事を務めていたバーネット氏（バーネット主教の息子）が、「乗客のなかに本をたくさん持った若者がいる」という話を船長から聞いて、私に興味をもってくれたのだ。バーネット知事は、「その若者に会わせてほしい」と船長に頼んだ。

その後、バーネット知事は私を家に招いてくれた。私はコリンズも連れて行くつもりだったが、彼はその日も泥酔していたので、結局ひとりで知事の家に向かった。知事は丁重に私をもてなし、膨大な蔵書を見せてくれた。私たちはすっかり打ち解け、本や作家の話に花を咲かせた。自分のような貧しい若者にふたりの知事が目をかけてくれたことを、私は心からうれしく思った。

酒におぼれたコリンズ

フィラデルフィアに向かう途中、私はバーノンから頼まれていたお金を受け取った。そのお金がなければ、私たちは最後まで旅を続けられなかったかもしれない。フィラデルフィアに着くと、コリンズはどこかの会計事務所で働きたいと言った。だが、推薦状を何枚か持っていたにもかかわらず、彼を雇ってくれるところは見つからなかった。酒臭い息やおぼつかない足取りのせいで、すぐに酒飲みだと見抜かれてしまうからだ。

私はコリンズと一緒の宿に泊まり、ふたりぶんの宿泊費を払いつづけた。コリンズは、私がバーノンのお金を持っていることを知っていたので、「仕事が見つかったら必ず返すよ」と言って何度も金を無心してきた。しかし、貸しは増える一方だった。バーノンから送金の指示があったらどうしよう、と私は気が気ではなかった。

その後もコリンズの飲酒癖はなおらなかった。彼は酒が入ると怒りっぽくなるので、私たちのあいだでは喧嘩が絶えなかった。

そしてある日、こんな出来事があった。私とコリンズは、何人かの若者と一緒にデラウェア川でボートに乗っていたのだが、コリンズは自分が漕ぐ番になってもオールを持とうとしなかった。

「みんな、おれのぶんまで漕いでくれ」と彼は言った。

「なんでぼくらがきみのぶんまで漕がなくちゃならないんだ」と私が言うと、彼はこう返した。

「いいから漕げよ。それとも、このまま川の上で夜を明かすか？　まあ、好きなほうを選ぶんだな」

会話を聞いていたほかの若者は、「ぼくたちが漕ぐよ。たいしたことじゃない」と言ったが、私はコリンズに漕がせるべきだと言って譲らなかった。この男の傍若無人なふるまいに、とうとう我慢できなくなったのだ。

私の態度が癇に障ったようで、コリンズは「おまえが漕げ。嫌だって言うなら、水の中にぶち込んでやる」と毒づきながら、漕ぎ手の席をずかずかと乗り越えて私の席に近づいてきた。

だが、コリンズが拳を振り上げた瞬間、私は彼の股ぐらに手を入れてすばやく立ち上がり、その勢いを使って彼を川の中に投げ込んだ。コリンズは泳ぐのがうまかったので、川に落としても大丈夫だとわかっていた。

彼がボートのへりにつかまろうとするたびに、私は軽く漕いでボートを引き離し、

「どうだ、今度こそ漕ぐ気になったか」と聞いた。コリンズは死ぬほど悔しそうだったが、いつまで経っても漕ぐとは言い出さない。やがてコリンズの顔に疲労の色が見えはじめたので、私はあきらめて水から引き上げ、夕暮れのなか、ずぶ濡れの彼を連れて帰った。

この一件のあと、私たちはろくにあいさつも交わさなくなってしまった。その後コリンズは、西インド諸島からきた船長と知り合った。その船長は、バルバドス島に住む紳士から「息子のために家庭教師を見つけてほしい」と頼まれていたので、コリンズを連れていくことにした。コリンズは、最初の給料が入ったら借りていた金を返すと約束して、船長と一緒にフィラデルフィアを去った。それ以来、彼の消息はわかっていない。

ウィリアム卿との再会

バーノンのお金に手をつけたことは、私の人生における大きな誤り《エラッタ》のひとつだ。父はウィリアム卿の手紙への返事に「息子はまだ若すぎる」と書いたが、本当にそのとおりだったのだろう。しかし、父の手紙を読んだウィリアム卿は、「どうやら、きみのお父さんは慎重すぎるきらいがあるようだ」と言った。

「人の性質というのは一概には言えないものだ。歳をとれば誰でも分別がつくというわけではないし、若いからといって分別がないとも限らない。お父さんが反対するなら、私が代わりに援助してあげよう。イギリスから取り寄せてほしいものがあれば、リストをつくって持ってきなさい。まとめて注文しておこう。代金は立て替えておくから、払えるようになったら払ってくれればいい。私は前から、この町にいい印刷所がほしいと思っていたんだ。きみなら間違いなく成功するだろう」

ウィリアム卿の言葉には誠意が感じられたので、疑う気持ちは少しもわかなかった。私は、フィラデルフィアの人たちに開業の話はしていなかったが、もしウィリアム卿を頼りにしているとまわりに話していたら、彼のことを知っている人たちは「あの男を頼るのはやめたほうがいい」と忠告してくれただろう。

あとになって知ったことだが、ウィリアム卿は「調子のいいことを言って人をその気にさせるが、ぜったいに約束を守らない」ことで有名だった。だが、当時の私にそのことを見抜けるはずがない。私から頼んだのならともかく、彼のほうから親切に提案してくれた話が、誠意のかけらもない口約束だとは考えられなかった。私は、ウィリアム・キース卿を世界一親切な人だと信じていたのだ。

私はささやかな印刷所を開業するのに必要な品物のリストをつくり、ウィリアム卿のもとに持っていった。すべてそろえるのにイギリスの貨幣で100ポンドほどかかる計算だった。リストを見たウィリアム卿は言った。

「これで問題ないが……せっかくだから自分の足でイギリスに行って、活字を選んだり、備品を手にとって比べてみたりしたほうがいいかもしれないな。そうすれば向こうで知り合いもできるだろうし、書物や文房具の取引相手も見つかるだろう」

私はその意見に同意した。

「では、アニス号に乗る準備をしておきなさい」と彼は言った。

アニス号とは、年に1度だけフィラデルフィアとロンドンを往復していた定期船だ。当時、このふたつの町を結ぶ定期船はアニス号しかなかった。出航まで数か月の間があったので、私は引き続きキーマーのところで働いた。

私のいちばんの懸念は、コリンズに貸したままになっているお金のことだった。毎日、バーノンから催促が来たらどうしようとばかり考えていたが、結局バーノンから連絡が来たのはそれから数年後だった。

完全な菜食主義ではなくなる

さて、書き忘れていたことがひとつある。初めてボストンを飛び出したとき、風が凪いだために、私が乗った船はブロック島のそばで動かなくなってしまった。乗組員たちはしかたなく釣りを始め、大量のタラを釣り上げた。私はずっと「動物の肉は食べない」と決めていて、そのときも菜食の師であるトライオンの教えどおり「どんな理由があっても、魚をとるのは許されない殺生だ」と考えていた。

魚は殺されるほどの危害を私たちに加えたわけではないし、これから加えることもない。だから、魚を殺してはならないという考え方は筋が通っているように思えた。だが正直なところ、私はもともと魚が大好きだった。船の上でタラを揚げるすばらしい香りを嗅ぎながら、私の心は菜食主義と食欲のあいだで揺れ動いた。そのときふと、ずっと昔に魚の腹を開いたときのことを思い出した。魚の胃袋の中からは別の魚が出てきた。

「魚だって共食いをするのに、人間が魚を食べてはならないというのもおかしな話だ」と私は考え直し、食欲の赴くままにタラを食べた。その日を境に、私は熱心な菜食主義者ではなくなった。そのときどきの気分で菜食に戻ることはあるものの、基本的にはふつうの人と変わらない食事をとっている。**「理性的動物」と言われる人間は、なんとも都合のいい生き物だ。自分の欲求を満たすために、適当な理由を見つけたり、でっちあげたりできるのだから。**

第5章 フィラデルフィアでの最初の友人たち

キーマーは、私が開業を考えているなんて夢にも思っていなかった。おかげで、私たちの関係は良好で、毎日が平穏に過ぎていった。

キーマーは若いころの情熱を失っておらず、相変わらず議論が好きだった。私たちは何度となく議論を戦わせ、そのたびに私は例のソクラテスの手法を用いた。議論の争点とは関係ない質問を投げかけて相手のペースを崩し、少しずつ話をもとの争点にもっていく。すると、相手はすっかり混乱し、自己矛盾に陥ることになる。やがてキーマーは滑稽なほど用心深くなり、私が何かを質問すると、毎回こう答えるようになった。

「まず、その質問の意図を教えてもらおう」

とはいえ、彼は私の議論の才能を認めてくれたようで、「これから新しい宗派をつくろうと思ってるんだが、おまえにも加わってほしい」と真剣な顔で言った。彼が教義を説き、私が論敵を言い負かすというのが彼のアイデアだった。私はキーマーの教義を聞かせてもらったが、そこには受け入れがたい部分がいくつもあった。

私はこう言った。私にも自分なりの主義があるので、それらを少しでも取り入れてもらえないかぎり誘いには乗れない、と。

キーマーの新しい宗派

キーマーはけっしてひげを剃らなかった。モーゼの律法に「汝、両方のひげを損なうことなかれ」という記述があるからだ。また、同じくモーゼの律法に従い、日曜日ではなく土曜日を安息日として守った。このふたつが彼の教義における重要な点だったが、私にはどちらも受け入れられなかった。

そこで、もし「肉食を禁止する」という私の主義を取り入れてくれるなら、そのふたつに従ってもいいと言った。

「おれは肉を食わなきゃだめなたちなんだ」とキーマーはしぶったが、私は譲らず、菜食に変えればもっと調子がよくなると言い聞かせた。実は、私にはある魂胆があった。キーマーは見ていてうんざりするほどの大食漢だったので、しばらくひもじい思いをさせてやろうと思ったのだ。私の説得を受けたキーマーは、「おまえも一緒に菜食に変えるなら試してもいい」と言った。

こうして私たちは、3か月間、肉を食べずに過ごすことになった。食事は近所に住む女性がつくり、毎日決まった時間に届けてくれた。私は事前に、肉も魚も使わない40種類の献立のリストをその女性に渡していたので、彼女はそのリストをもとに毎日の食事を用意した。このやり方なら、1週間の食費が18ペンス以下ですむ。当時の私には理想的だった。

それから数年間、私は四旬節を厳格に守りつづけた。四旬節が来るとふつうの食事から完全な菜食に変え、終わったらまたふつうの食事に戻す。急に食事が変わることは、私にとって少しも苦ではなかった。

「何かを変えたいのであれば、少しずつ段階を踏むのがいい」という忠告をよく耳にするが、そんなことはないと個人的には思っている。

私は順調に菜食を続けたが、キーマーのほうはひどく苦しんでいた。菜食にだんだん嫌気がさし、豪勢なものを食べたくてたまらなくなり、ある日ついに豚の丸焼きを注文した。キーマーはその日、私とふたりの女友達を食事に招いていたが、私たちが着くより前に料理が食卓に並んでしまった。彼は誘惑に負け、ひとりで料理をたいらげた。

そのころ、私はリード嬢との距離を縮めようとしていた。私は彼女を尊敬し、心から愛していたが、彼女のほうも同じ気持ちのようだった。しかし、私はまもなく長い船旅に出るところだったし、お互いにまだ18歳を迎えたばかりだった。

リード嬢の母親は、私たちが親密になるのはまだ早いと言った。本当に結婚するつもりなら、私がフィラデルフィアに帰ってきて望みどおり開業してからにしなさい、と。おそらく、私の将来は、私自身が思っているほど明るいものではないと考えたのだろう。

親友3人と詩作を始める

当時のおもな友人といえば、チャールズ・オズボーンとジョセフ・ワトソンとジェームズ・ラルフで、3人とも大の読書家だった。

オズボーンとワトソンは、フィラデルフィアでは名の知られた公証人、すなわち譲渡証書の作成人であるチャールズ・ブロックデンのもとで書記を務めていて、ラルフは商店で働いていた。

ワトソンは信心深く分別があり、とても誠実な青年だったが、あとのふたりは宗教上の信念などあってないようなものだった。

ラルフにいたっては、コリンズと同じように、私の影響で宗教そのものに疑いを抱きはじめていた（この男もコリンズと同様、私をひどい目にあわせるのだが、それについてはもう少しあとで話そう）。

オズボーンは聡明で、裏表がなく、親しみやすい男だった。友人に対してはどこまでも優しかったが、文学のことになると厳しい批評を口にした。ラルフは頭がよく、気品があり、非常に弁が立った。私の知るかぎりでは、彼より口がうまい人間はいない。オズボーンもラルフも詩が好きで、自分でも短いものを書いていた。私たち4人は、日曜日になるとよくスクールキル川の近くにある森に出かけ、本を読み合ったり、読んだものについて語り合ったりして過ごした。

ラルフは詩の勉強をずっと続けるつもりでいた。自分がいずれ詩人として大成し、ひと財産を築けると信じて疑っていないようだった。どれほど偉大な詩人でも、詩を書きはじめたばかりのころは自分と同じように多くの間違いを犯したはずだ、というのが彼の主張だった。オズボーンは、そんなラルフを思いとどまらせるために、「おまえに詩の才能はない」とはっきり言った。

「商店の仕事のことだけを考えろ。おまえはまじめで几帳面なんだから、商売の道に進めば、資本はなくてもいずれ代理商として店を任されるかもしれない。そのうち開業資金も貯まるはずだ」とオズボーンは忠告した。

私もラルフの考えに反対し、ときどき詩を書く程度なら文章の練習になっていいと思うが、それ以上を求めるのはやめるべきだと言い聞かせた。

そのうち、次に集まるときは各自ひとつずつ詩をつくってこようという話になった。互いに詩を見せ合い、批評したりおかしなところを指摘したりすれば、いい勉強になるだろうと考えたのだ。

また、私たちが重視しているのは「用語」と「表現技法」だったので、「創作」の要素は除外し、天帝エホバの降臨を描いた詩編18章の翻訳を課題にすることにした。だが、集まる日が近づいたころ、ラルフがとつぜん私を訪ねてきて、課題の詩ができたと言った。

「そうか。ぼくはまだ1行も書いちゃいない。最近は少し忙しかったし、なんだか気分が乗らなくてね」と私が正直に告げると、ラルフは自分の詩を見せて私の意見を求めた。とても出来のいい詩だった。私の賞賛の言葉を聞くと、ラルフは言った。

「そう言ってもらえてよかったよ。ただ、オズボーンのやつは、ぼくが書いた詩をぜったいにほめないんだ。ぼくの才能を妬んでるから、どんなにいい詩を見せても粗ばっかり探すのさ。でもあいつは、きみのことは別に妬んじゃいない。だから次の集まりの日は、きみがこの詩を持っていって、自分が書いたと言ってくれないか？　ぼくのほうは忙しくて何も書けなかったことにする。オズボーンがどんな批評をするか聞いてやろうじゃないか」

私はその提案に賛成し、すぐにラルフの詩を書き写した。

ラルフの詩をフランクリンの詩として見せる

やがて、4人で集まる日がやってきた。最初に読み上げられたのはワトソンの詩だった。よく書けているところもあったが、欠点も多かった。次はオズボーンの詩で、こちらはワトソンの詩よりもずっと出来がよかった。オズボーンの詩が発表されると、ラルフはいくつかの欠点を指摘したものの、いいところはきちんとほめた。実に公正な批評だった。ラルフは自分の番になっても何も読まず、そのまま私の番になった。私はあえて怖気づいたような顔をして、「今回はあまり時間をかけられなかったから、できれば見せたくないんだ」と言ってみたが、受け入れられるはずもなく、まもなく読み上げが始まった。私の詩は何度も繰り返し読み上げられた。ワトソンとオズボーンは負けを認め、一緒になって私の詩をほめた。

一方、ラルフだけは細かい欠点をいくつか指摘し、修正案を挙げたが、私はいまのままがいいと言って反対した。そのうちオズボーンが「おまえには詩の才能がないが、批評の才能はもっとないようだな」とラルフに言ったので、ラルフはそのまま黙ってしまった。

あとで聞いた話だが、オズボーンはラルフと一緒に帰りながら、私がつくった（と彼が思っている）詩を絶賛したという。お世辞を言っていると思われるのが嫌で、私の前ではほめすぎないよう気をつけていたようだ。オズボーンはこう言った。

「あいつがあんなにすばらしい詩を書くなんて、誰も思わなかっただろうよ。描写力と筆力に加えて、熱意も感じられる。本当にみごとだ。原文よりよくなってると言ってもいい。ふだんは気の利いたことを言うやつじゃないし、むしろ口下手で、うっかり変なことを口走ることが多いのに、ものを書かせたら一流だ！」次に4人で集まった日、ラルフは本当のことを打ち明けた。まんまと引っかかったオズボーンは、しばらくのあいだみんなの笑い者にされた。

死後の話を聞かせる約束

この一件を経て、詩人になるというラルフの決意はいっそう固まった。私はあらゆる手を講じて彼を止めようとしたが、ラルフはぱっとしない詩を書くのをやめなかった（ずいぶんあとになって、詩人のポープに手厳しい批評を書かれたことで、ようやく目を覚ますことになる）。

とはいえ、ラルフは散文家としては才能にあふれていた。この男についてはあとで詳しく書くが、ワトソンとオズボーンについては、このあと触れる機会がなさそうなので、ここで書いておこう。

ワトソンは、それから数年後に私の腕の中で亡くなった。私の仲間のなかではいちばんの人格者だったので、本当に悲しかった。

オズボーンは西インド諸島に渡って法律家として成功し、それなりの財産を築き上げたが、若くしてこの世を去った。オズボーンと私はこんな約束を交わしていた。

「おれたちのうち先に死んだほうは、生きているほうのところにときどき顔を見せに行って、死後の世界の話を聞かせよう」

だがいまのところ、この約束が果たされたことはない。

第6章 初めてのロンドン訪問

ウィリアム・キース知事は私のことを気に入ったようで、暇さえあれば家に招いてくれた。彼はいつも、私を開業させる件はすでに決まったことだとでもいうように話をした。また、印刷機や活字や紙を買う資金を調達するための信用状と、知事の友人に宛てた推薦状も知事に書いてもらうことになっていた。

しかし、妙なことがあった。約束の日に知事の家を訪ねても、「やはり今日はまだ渡せない。またあらためて来なさい」と言われて別の日時を指定されるのだ。同じことが何度か繰り返されるうちに、とうとう出港の日を迎えてしまった。私は、別れのあいさつがてら書類を受け取ろうと思い、もう一度だけ知事の家に足を運んだ。すると、知事の秘書であるバード博士が出てきてこう言った。
「知事はいま、ものを書くのに忙しい。だが、きみの船が着くより早くニューキャッスルに向かう予定だから、向こうで書類を渡せると思う」

ラルフはすでに結婚していて、子どももひとりいたが、私と一緒にロンドンに行くと言いはじめた。私はてっきり、向こうで新たな取引先を見つけて、委託販売用の商品を仕入れるつもりだろうと思っていたが、真相は違った。あとで知ったことだが、彼は妻の親族とうまくいっていなかったらしく、妻のことを親戚連中に押しつけて、自分は二度と戻ってこないつもりだったようだ。

私は友人たちに別れを告げ、リード嬢といくつかの約束を交わしてから、フィラデルフィアをあとにした。

やがて、私たちの乗った船はニューキャッスルに到着した。知事は先に着いていたので、私は彼が泊まっている宿を訪ねた。しかし、またしても秘書が出てきて、「知事はいま、非常に重要な仕事にとりかかっているため、お目にかかることはできそうにない」と言った。そして、書類は必ず船までお届けする、航海の無事と、一日も早い帰国を願っている、といった知事からの丁重な伝言を伝えてきた。正直、いささか腑に落ちないところもあったが、私は知事を信じて船に戻った。

守られない約束

船には、フィラデルフィアの有名な弁護士であるアンドリュー・ハミルトン氏が息子と一緒に乗っていた。また、クエーカー教徒の商人であるデナム氏と、メリーランドで鉄工場を共同経営しているオニオン氏とラッセル氏もいて、広い上級船室はすっかり埋まっていた。そのため、ラルフと私は下級船室で我慢しなければならなかった。また、乗客のなかに知り合いはひとりもいないので、私たちはただの一般客として扱われた。

しかし、ハミルトン氏と息子（ジェームズという名前で、のちに知事になる）が急遽フィラデルフィアに戻ることになった。船舶の差し押さえ事件の弁護をするために、多額の報酬と引き換えに呼び戻されたようだ。

ハミルトン親子に別れを告げ、ロンドンに向けて出航する直前、フレンチ大佐が船にやってきた。彼が丁重なあいさつをしてくれたことで、私はほかの乗客から一目置かれるようになった。上級船室を使っていた紳士たちが、「ハミルトン氏の船室が空いたから、よかったらおふたりで使いなさい」と言ってくれたので、私とラルフはそこに移った。

フレンチ大佐が船までやってきたのは、知事が書いた書類を届けるためだったという。それを聞いて、私はすぐに船長のところに行き、自分が受け取る予定の書類をすぐに渡してもらえないかと頼んだ。しかし船長は、荷物はまとめて袋に詰めてしまったから、その書類だけを取り出すことはできないと言った。「イギリスに着く前に、きみが書類を探せるように一度袋を開けよう」と言った船長の約束を信じ、私はそれまで待つことにした。

こうして、私たちは快適な旅を続けた。上級船室の乗客たちと仲良くなれたし、ハミルトン氏が持ち込んだ食べ物のおかげで、胃袋も満たされていた。船のなかで、私はデナム氏との親交を深めた。私たちの交流は、デナム氏が亡くなるまでずっと続くことになる。この船旅は、いい思い出もあったものの、悪天候の日が多かったせいで全体的には楽しいものではなかった。

イギリス海峡に入ると、船長は約束どおり荷物を調べさせてくれたが、私の名前が書かれた書類は見つからなかった。私はしかたなく、筆跡を頼りに知事が書いたと思われる書類を6通か7通取り出した。そのなかには、王室御用達の印刷工であるバスケット氏に宛てたものが1通と、文房具店に宛てたものが1通あったので、私はどちらかが自分に関係があるものだと考えた。

知事のものではなかった手紙

1724年12月24日、船はロンドンに到着した。

私はまず、書類の宛先になっている文房具店を訪ね、キース知事から預かった書類だと言ってその手紙を手渡した。しかし店主は、「そんな人は知らないよ」とぶっきらぼうに答えてから封を切った。手紙を読んだ店主は言った。

「なんてこった……リドルスデンからの手紙だ。最近ようやくわかったんだが、とんでもない悪党だよ。もうかかわるのはごめんだし、手紙なんてもらいたくないね」

そして手紙を私に突き返し、くるりと背を向けると、ほかのお客のところに行ってしまった。私は呆然とした。私が取り出した手紙は、知事が書いたものではなかったのだ。そのとき初めて、頭のなかに「知事がこれまで私に誠意を示してくれたことがあっただろうか?」という疑問が浮かんだ。

私はデナムのところに行き、それまでの経緯をすべて打ち明けた。するとデナムは、キースという男の本性を教えてくれた。

「あの知事がそんな手紙を書くはずがない。あの男のことを少しでも知っている人なら、彼を信じようなんて思わないだろう」

そして、笑いながらこう付け加えた。

「誰からも信用されない知事が信用状を書くなんて、こんなにばかげた話があるか?」

これからどうしたらいいのだろう、と私が弱音を吐くと、デナムはあたたかい言葉をかけてくれた。

「どこかで仕事を見つけて、きみが身につけてきた技術を活かせばいい。ロンドンの印刷所でしっかり働けば、おのずと腕も上がるだろう。アメリカに戻って開業するときに役立つはずだ」

キースという男

実は、私とデナムは弁護士のリドルスデンのことをよく知っていた。文房具店の店主が言ったように、とんでもない悪党だ。この男はかつて、強引な手を使ってリード氏を自分の保証人にして、破産寸前まで追い込んだことがあった。

文房具店に宛てられた手紙には、次はハミルトン氏（本来なら私たちと一緒にロンドンに着いているはずだった）が狙われていることと、キース知事がその陰謀に一枚噛んでいることが書かれていた。

デナムは、友人であるハミルトンにこのことを伝えなければと言った。私もハミルトンには好意をもっていたし、キースとリドルスデンに心底腹を立てていたので、ハミルトンが少し遅れてイギリスに到着するとすぐに手紙を届けに行った。ハミルトンは私にとても感謝してくれた。その後、彼は私のよき友人となり、何度となく私のために力を尽くしてくれた。

それにしても、なぜ知事ともあろう人がこのようなあさましいことをして、世間知らずの若者をたぶらかしたのだろう？

答えは簡単だ。あの男が、そういう行動をとらずにはいられない人間だったからだ。キースは他人を喜ばせ、敬意を向けられるのが好きだった。しかし、与えるものをもっていなかったので、期待だけを与えたのだ。

この悪癖を別にすれば、キースは優秀な男だったし、思慮深く、文章もうまかった。領主たちは、ときどき命令を無視するキースをよく思っていなかったかもしれないが、住民にとってはすばらしい知事だった。ペンシルベニアのすぐれた法律のいくつかは、キースが立案し、彼の任期中に成立したものだ。

ラルフとの共同生活

ラルフと私はいつしか大の親友になっていた。私たちは週に3シリング6ペンスの家賃を払い（これが私たちに支払える限界だった）、リトル・ブリテン地区に一緒に下宿した。

イギリスにはラルフの親戚が何人かいたが、彼を援助するほどの余裕がある人はいなかった。このころになって初めて、ラルフはロンドンに来た本当の理由を教えてくれた。

「ぼくはこのままロンドンで暮らすよ。二度とフィラデルフィアには戻らない」と彼は言った。しかし、現実問題として、ラルフはまったく金をもっていなかった。彼のなけなしの貯金は船賃の支払いに消えていた。私のほうは15ピストール［スペインの古金貨。1ピストールはおよそ18シリング］ほどもっていたので、仕事を探すあいだ、ラルフは何度も私から金を借りることになった。


ラルフは最初、自分には役者の素質があると思い込み、劇団に入ろうとした。だが、有名な喜劇役者のウィルクスは、ラルフの頼みを聞くと、「やめたほうがいい。きみが役者として成功するのは無理だ」とはっきり言った。

次にラルフは、ロンドンの印刷出版業の中心地、パターノスター・ローにある出版業者のロバーツ氏を訪ね、週刊で『スペクテーター』紙のような新聞を発行したいと言ったが、受け入れてもらえなかった。

そこで今度は、法学院《テンプル》周辺にある文房具商や弁護士のところで書類の代筆をしようと考えたが、どこも雇ってはくれなかった。

ロンドンでも印刷工として働く

一方、私はすぐに仕事を見つけた。バーソロミュー・クロースで商売を営む有名な印刷工、パーマー氏に雇ってもらえたのだ。私は1年近くにわたってまじめに働いたが、稼いだお金の大半は、ラルフと一緒に芝居を観に行ったり、どこかに遊びに行ったりして使ってしまった。手元にあった15ピストールもやがて使い切り、その日暮らしをするようになった。

ラルフは妻子のことをすっかり忘れているように見えたし、私のほうもリード氏の娘との約束を思い出さなくなっていった。結局、イギリスにいるあいだ、私は彼女に1通しか手紙を書いていない。それも、「しばらく帰れそうにない」と伝えるだけの簡単な手紙だった。彼女にきちんと手紙を書かなかったことは、私の人生における大きな誤り《エラッタ》のひとつであり、もし訂正できるならぜひとも訂正したい部分だ。

実際のところ、散財に次ぐ散財のせいで、私はいつまで経っても帰りの船賃を用意できずにいた。

パーマーの印刷所で、私はウォラストンの『自然の宗教』の第2版の活字を組んだ。ウォラストンの論理のなかには、根拠が不十分だと思える点がいくつかあったので、私は哲学に関する論文を書き、それらの点についての考えを述べた。そして、「自由と必然、快楽と苦痛についての論」と題したその論文をラルフに捧げ、パンフレットとしてわずかな部数だけ印刷した。

パンフレットを読んだパーマー氏は、この主張には受け入れがたい部分があると言い、私に苦言を呈したが、その一件を機に私のことを才能のある若者と見なすようになった。とはいえ、このような小論文を印刷したことは、私のもうひとつの誤り《エラッタ》だったといえる。

リトル・ブリテンにいるあいだ、私は書店員のウィルコックスという男性と仲良くなった。彼の書店は私の下宿先の隣にあり、古本の品揃えが豊富だった。当時はまだ、本の貸し出しは一般的ではなかったが、私はウィルコックスの店の本を好きなように借り、読み終わったら返すという契約を結んでいた（契約にあたっていくつかの条件を定めていたが、どんな条件だったかは忘れてしまった）。非常にありがたい契約だったので、私はできるかぎりこのシステムを利用した。

経緯はわからないが、私が印刷したパンフレットはやがてライオンズという外科医（『人間の判断の不謬性』という本を書いた人物だ）の手に渡った。その後、私とライオンズは親交を深めていった。彼は私を高く買い、しょっちゅう訪ねてきては哲学的な問題について話をした。

ある日、ライオンズはチープサイドの裏通りにある〈ホーンズ〉という安酒場に私を連れていき、『蜂の寓話』の著者であるバーナード・ド・マンデヴィル博士に会わせてくれた。〈ホーンズ〉にはマンデヴィル博士が主宰するクラブがあった。マンデヴィル博士は、茶目っ気がある愉快な人物で、クラブにとって欠かせない存在だった。さらにライオンズは、バトソンのコーヒーハウスでヘンリー・ペンバートン博士に私を紹介してくれた。

ペンバートン博士は、「いつかアイザック・ニュートン卿に会う機会をつくってあげよう」と言った。私はその日を待ち焦がれたが、残念ながら実現することはなかった。

ラルフとの別れ

私は、アメリカからいくつかの珍品を持ってきていた。なかでもとくにめずらしかったのは石綿製の財布で、火であぶると真っ白になるのが特徴だった。あるとき、珍品のコレクターとして知られるハンス・スローアン卿が、その財布の存在を知って私を訪ねてきた。そして、ブルームズベリー・スクエアにある自宅に私を招き、自慢の珍品コレクションを見せたあと、「きみの財布を譲ってほしい」と言った。

こうして、石綿の財布はスローアン卿のコレクションに加わることとなった。私はじゅうぶんすぎるほどの代金を受け取ってその場をあとにした。

私とラルフが下宿している家には、クロイスターズ（だったと思う）で婦人用の帽子店を営む若い女性が住んでいた。彼女のことは、ここではT夫人としておく。いい家柄の出で、頭がよく、気さくで話も上手な人だった。ラルフは、夜になるとよく彼女のために戯曲を読んだ。

やがてふたりは親密な仲になり、T夫人が別の下宿先に移るとラルフもあとを追った。ふたりはしばらく一緒に暮らしたが、ラルフは相変わらず仕事をしていなかったし、彼女には子どもがひとりいた。彼女の収入だけで食べていくのには限界があった。そこでラルフは、ロンドンを離れ、どこかの田舎町で塾を開くことに決めた。彼は字がうまく、算術も得意だったので、塾を開いてもやっていけると思ったのだろう。

しかし、田舎で塾を開くことは、ラルフにとって「自分の価値を下げる行為」にほかならなかった。彼はたぶん、こんなふうに考えたのだろう。「いつかぼくにも運が向いてくるはずだ。そうなったときに、どこかの田舎の塾長だったなんて知られたくない」

そこで、ラルフは本名ではなく偽名を使った。しかも、なんとも光栄なことに、私の名前を使ったのだ。私がそのことを知ったのは、ラルフが塾を始めて少し経ったころだ。彼から届いた手紙には次のようなことが書かれていた。

自分はいま、とある小さな村（たしかバークシャー州のどこかだ）で、10人前後の子どもたちに週6ペンスの料金で読み書きを教えている、T夫人をよろしく頼む、ぼくに手紙を書くときは、住所はどこどこで、宛名は〝フランクリン塾長〟としてほしい、と。

その後もラルフは何度となく手紙を書いてきた。手紙には毎回、創作中の叙事詩の一部が同封してあり、「きみの意見を聞かせてほしい」という言葉が添えられていた。

私はときどきラルフの頼みに応じたが、その目的は、彼に詩を書くのをやめさせることだった。

ちょうど、エドワード・ヤングの「風刺詩《サタイアズ》」のひとつが出版されたころだったので、私はその詩の大部分を写してラルフに送った。栄光を求めて詩神《ミューズ》を追いまわすのがいかに愚かなことかを歌った詩だ。しかし効果はなく、ラルフからの手紙には相変わらず詩が同封されていた。

一方、T夫人のほうは、ラルフと付き合ううちに友人も仕事も失ってしまった。生活費が足りなくなることも頻繁にあり、そのたびに私のところに使いをよこして金を無心してきた。私は、貸せるだけの金を彼女に貸しながらも、T夫人との仲が深まっていくことを喜んでいた。当時の私には宗教的な束縛がなく、彼女はもはや私なしでは暮らしていけなかった。

そんな状況をいいことに、私はあるときT夫人に関係を迫った（これも人生の誤り《エラッタ》のひとつだ）。当然、彼女は怒ってこれを拒み、私がしたことをラルフに知らせた。この一件によって、ラルフと私の友情は終わりを告げることになる。のちにロンドンに帰ってきたラルフは、私にこう言った。

「これで、きみへの借りはすべて帳消しだ」

その言葉を聞いて、ラルフに貸した金はもう二度と返ってこないのだと理解した。とはいえ、彼の場合は、返したくても返せなかったはずなので、あまり残念には思わなかった。むしろ、ラルフとの関係が終わったことで、肩の荷が下りたような気分だった。

ちょうど、まとまったお金を貯めたいと思っていたので、私はパーマーの印刷所をやめ、リンカーンズ・イン・フィールズの近くにあるウォッツの印刷所で働くことにした。パーマーの印刷所より大きく、給料もよさそうだったからだ。その後はロンドンを離れるまでそこで働いた。

イギリスでの印刷工としての仕事

アメリカの印刷所とは違い、イギリスの印刷所では印刷部門と植字部門がはっきりと区別されていた。植字の仕事ばかりしていると運動不足になると思い、私はウォッツに頼んで印刷の仕事をさせてもらった。私は基本的に水以外の飲み物は口にしなかったが、50人近くいるほかの印刷工たちはみなビールが大好きで、ビールを〝強い〟

飲み物だと考えていた。しかし、彼らより私のほうがずっと体力があった。私はいつも大型の組版を両手にひとつずつ持って階段の昇り降りをしたのだが、ほかの印刷工たちは一度にひとつしか運べなかった。

そのうち彼らは、「水ばかり飲んでいるアメリカ人が、ビールを飲んでいる自分たちより〝強い〟のはなぜだろう?」と不思議に思いはじめた。たしかに、彼らはとにかくビールをよく飲んだ。彼らのために、印刷所にはいつもビール売りの少年が出張しにきていたほどだ。同僚のひとりは毎日、朝食の前に1パイント、パンとチーズで簡単な朝食をとりながら1パイント、朝食と昼食のあいだに1パイント、昼食のときに1パイント、午後6時ごろに1パイント、そして仕事が終わったあとでもう1パイントのビールを飲んだ。

ひどい習慣だと思ったが、その仲間は「大変な労働をするためには強いビールが必要だ」と信じ込んでいた。あるとき、私は彼に言った。

「ビールを飲んでつく体力は、ビールに含まれる大麦の量に比例する。でも、ひと切れのパンにはもっと多くの大麦が含まれてるんだ。だから、2パイントのビールを飲むより、水を1パイント飲んでパンをひと切れ食べたほうが精がつくはずだ」と。

だが、状況は何も変わらなかった。その印刷工は大量のビールを飲みつづけ、毎週土曜日の夜には、せっかく稼いだ1週間分の給料のうち4、5シリングを飲み代に使った。そういうわけで、私のまわりの印刷工はいつもお金に困っていた。

2回目の挨拶料を拒否する

働きはじめて数週間が経ったころ、「植字室に移ってほしい」とウォッツに頼まれたので、私は印刷工の仲間たちに別れを告げて植字工の仲間入りをした。植字工たちは、新入りの挨拶料として5シリングの飲み代を支払うよう要求してきた。

しかし、私は印刷室に入ったときにすでに挨拶料を払っている。2回も払えというのは明らかに不当な要求だった。ウォッツも私と同じ考えだったようで、払う必要はないと言ってくれた。それから数週間、私は挨拶料うんぬんの話を無視して働いたのだが、そのせいで植字工たちから仲間外れにされてしまった。

彼らは私が席を外すたびに、活字をごちゃ混ぜにしたり、組んだページを並び替えたり、組版を壊したりと、あの手この手で嫌がらせをしてきた。「印刷所の幽霊がやったのさ」と彼らは言った。どうやら、正式なあいさつをしていない人は、その幽霊とやらにつきまとわれるようだ。**私はあきらめて金を払うことにした。不本意ではあったが、この先ずっと一緒に働く人たちと対立するほうがばかげていると思ったのだ。**

印刷工の習慣を変える

金を払ってしまうと、私はたちまち植字工たちと仲良くなり、やがて彼らのまとめ役になった。あるとき私は、印刷所の規則をもっと合理的なものに改定してはどうかと提案した。異を唱える者は少なくなかったが、私はあらゆる反対を押し切ってその考えを実行に移した。

その後、従業員のほとんどは、ビールとパンとチーズというひどい朝食をとるのをやめ、私と一緒に隣の家から熱い粥を届けてもらうようになった。

粥には胡椒とパンくずと少量のバターが入っていて、大きなポットになみなみと注いでもらえたが、代金はたったの1ペニー半だった。つまり、1パイントのビールと変わらないのだ。従業員たちは、安あがりで味もよく、活力がわいてくるこの朝食を気に入ったようだった。

しかし一方で、相変わらずビールばかり飲んでいる植字工も何人かいた。そのほとんどは飲み代をきちんと払わない人たちで、酒場でツケがきかなくなることもたびたびあり（彼らに言わせれば「明かりが消えた」状態）、そのたびに私にビール代をたかろうとした。そのため私は、土曜日の夜になると給料係のテーブルを見張り、貸した金を取り立てなければならなかった。1週間で30シリングの飲み代を立て替えたこともあった。

だが、いつしか印刷所の人たちは私のことを「口が達者なやつ」だと認めはじめ、私の影響力はみるみる強まっていった。私は仕事を休まなかったので、ウォッツにとても気に入られた（ほかの従業員は日曜日に飲みすぎて「聖月曜日」をとることがあった）。また、植字が飛び抜けて速かったおかげで、実入りのいい急ぎの仕事は必ず私にまわってきた。気づけば、毎日が驚くほど充実していた。

仕事場に近い新しい下宿へ

リトル・ブリテンは仕事場から遠すぎたので、私はデューク通りにある別の下宿に移ることに決めた。そこはカトリック教会の向かいにあるイタリア食料品店で、私の部屋は3階の裏手にあった。店は未亡人が管理していて、彼女の娘とお手伝いの女性も同じ建物に住んでいた。店番をしている男の従業員もいたが、その男の家は別のところにあった。

未亡人はまず、私の以前の下宿先に人をやり、私の人柄を調べさせた。そして、調査結果を確認すると、前と同じ金額（週3シリング6ペンス）で下宿させてもいいと言った。家に男がいたほうが安心だということで、これほど安くしてくれたようだ。

未亡人はすでにかなりの年齢だった。彼女は牧師の家に生まれ、プロテスタントとして育てられたが、結婚後に夫の勧めでカトリックに改宗したという。死んだ夫のことはいまでも尊敬している、と彼女は言った。また、上流階級の人々と接することも多かったようで、チャールズ2世の時代から現在にいたるまでの有名人の逸話をたくさん知っていた。彼女は痛風で膝を痛めていて、めったに部屋から出られず、話し相手に飢えていた。私は彼女の話を聞くのが好きだったので、誘われたときは必ず彼女の部屋に行って一緒に夕食をとった。

半尾のアンチョビと、バターを塗った小さなパンをひとつ食べ、半パイントのビールをふたりで分けて飲むという質素な夕食だったが、彼女との会話は何よりもすばらしいごちそうだった。私はいつも遅くならないうちに家に帰ったし、未亡人や娘に迷惑をかけることもほとんどなかったので、未亡人は私を手放したくないと考えるようになった。

あるとき、「仕事場にもっと近いところに週2シリングの下宿があるらしいから、そこに移ろうかと考えている」と彼女に話した。必死になって貯金をしていたこともあり、下宿代が少しでも浮くのは魅力的だった。すると彼女は、泣きそうな顔をしながら「これからは下宿代を2シリング安くするから、ここを離れないでおくれ」と言った。私は結局、ロンドンを離れるまでずっと、週1シリング6ペンスの下宿代でこの家に住まわせてもらった。

屋根裏部屋の住人

この家の屋根裏部屋には、70歳になる独身の女性が住んでいて、世間といっさいかかわらずに日々を過ごしていた。未亡人に聞いたところでは、その女性はカトリック教徒で、若いときに外国にやられ、修道女になるために修道院に入ったものの、その国の風土が肌に合わなかったためにイギリスに帰ってきたという。イギリスには修道院がなかったので、彼女は少しでも修道女に近い生き方をしようと決め、生活費（年12ポンド）を除いた全財産を慈善団体に寄付した。だが、彼女は生活費の大半も慈善事業のために使い、自分は薄い粥ばかり食べていた。粥を炊くとき以外は火も使わないという徹底ぶりだった。

彼女はもう長いことただで屋根裏部屋に住んでいた。下の部屋を借りた代々のカトリック教徒たちが、口をそろえて「彼女のような人が同じ建物に住んでいるのはありがたい」と言って彼女の家賃を負担したからだ。毎日、ひとりの牧師が屋根裏部屋を訪ねてきて、彼女の懺悔を聞いた。未亡人は私に言った。

「前に、『いったいなぜ、あなたのような生活をしている人がそんなに懺悔をしなければならないのですか？』って聞いてみたのよ。そしたら彼女、なんて答えたと思う？

『人は邪《よこしま》な考えから逃れられないから』ですって」

私も一度だけ、その女性の許しを得て屋根裏部屋を訪ねたことがある。彼女は明るくて品があり、楽しそうに話をした。部屋はこざっぱりとしていて、1枚の布団とテーブル、テーブルの上に載っている十字架と聖書、私を座らせてくれたスツール、それから暖炉の上にかけられた1枚の絵を除けば家具と呼べるものはなかった。

その絵のなかでは、聖ヴェロニカがハンカチを広げていて、ハンカチには血を流したキリストの顔が浮かび上がっていた。彼女は真剣な顔でその絵について説明してくれた。彼女の顔は少し青ざめていたが、病気にかかったことはないという。**彼女は、わずかな収入でも人は健康でいられると証明する存在だった。**

泳ぎの名人

ウォッツの印刷所で、私はワイゲートという頭のいい若者と知り合った。裕福な親戚をもち、ほかの印刷工たちより教養があり、ラテン語とフランス語が堪能で、読書が好きな男だった。ある日、私はワイゲートともうひとりの友人をテムズ川に連れていって泳ぎを教えた。たった2回のレッスンだったが、ふたりとも上手に泳げるようになった。

後日、ふたりは田舎からロンドンに来ていた何人かの友人を紹介してくれた。私たちはみんなで船に乗ってチェルシーに行き、チェルシー王立病院を見学したり、ドン・サルテロの店でめずらしい陳列品を見物したりして過ごした。

ロンドンに帰る途中、ワイゲートが「フランクリンは泳ぎの名人なんだ」と話しはじめた。それを聞いて、その場にいた全員が私の泳ぎを見たいと言ったので、私は服を脱いで川に飛び込み、チェルシーの近くからブラックフライアーズまで泳いだ。潜ったり浮かんだりしながらさまざまな技を披露する私を見て、水泳というものをほとんど知らない彼らは歓声を上げた。

私は小さいころから泳ぐのが好きだった。水泳家デブノーの著作に学び、手足の動かし方や正しい姿勢を身につけただけでなく、より実用的で美しい（しかも簡単な）独自の泳法も編み出した。それらの泳法を披露したことで、私はみんなから賞賛の言葉をかけられた。実にいい気分だった。その後、私とワイゲートは前にも増して仲良くなった。もともと私たちは趣味が似通っていたのだが、ワイゲートには「水泳の達人」になりたいというひそかな願望もあったからだ。

やがて彼は、こんなことを言いはじめた。

「一緒にヨーロッパ中を旅して回らないか。旅先で印刷の仕事をすれば生活費もなんとかなるだろう」

私はワイゲートの提案に賛成し、友人のデナムにそのことを話してみた。私とデナムは、ときどき会っては1時間ほど一緒に過ごす仲になっていた。ところがデナムは、私の話に反対した。

「やめたほうがいい。私は近いうちにアメリカに帰るつもりだ。きみもペンシルベニアに帰ることだけを考えるんだ」

心躍るデナムとの帰郷

ここで、デナムという男の性格がよくわかるエピソードを紹介しておこう。

デナムは以前、ブリストルで商売をしていたが、失敗して多くの人に借金をつくってしまった。債権者たちが示談にしてくれたので、彼はその後アメリカに渡り、ふたたび商売に打ち込んだ。そして、それから数年のうちに、かなりの財産を築き上げた。私と同じ船でイギリスに帰ってきたあと、彼はかつての債権者を食事に招き、寛大にも示談にしてくれたことへのお礼を述べた。

招かれた人たちは、ごちそう以外には何も期待していなかったが、最初の料理が片付けられると、皿の下から銀行為替が出てきた。そこには、それぞれが貸したお金にきちんと利子がついた金額が記載されていた。

「そろそろペンシルベニアに帰ろうと思う」とデナムは私に言った。ロンドンで仕入れた大量の商品を持って帰り、向こうでまた商売を始めるつもりだという。さらに、彼はこう続けた。

「できれば、きみにも一緒にきてもらって、帳簿係を任せたい。もちろん、帳簿のつけ方はそのうち教える。ほかにも、手紙の写しをとったり、店番をしてもらったりと、頼みたいことはいくつもある。仕事を覚えたらすぐに昇進させて、小麦粉やパンを船に積んで西インド諸島に行ってもらおう。それか、きみのために、ほかの商人から実入りのいい委託販売の仕事をもらってきてもいい。うまくやってくれたら、最終的に独立させるつもりだ」

デナムの話を聞いて、私の胸は躍った。いいかげんロンドンの暮らしにも飽きていたし、ペンシルベニアでの楽しかった日々が恋しくなっていたのだ。デナムが提示した給料はペンシルベニアのお金で年50ポンドで、ウォッツの印刷所より少なかったが、将来のことを考えると悪くない選択だと思えた。私はふたつ返事で彼の誘いに乗った。

ロンドンを離れペンシルベニアに戻る

こうして私は、印刷の仕事に永遠の別れを告げて（このときは〝永遠の別れ〟だと思っていた）、新しい仕事に打ち込んだ。デナムと一緒に商人のもとをまわって数々の商品を仕入れたり、荷づくりの現場を監督したり、お使いに出たり、荷物の発送の手配をしたりして忙しい毎日を送ったが、最後の荷物を船に積み込むと数日の暇ができた。

その数日のあいだに、ウィリアム・ウィンダム卿（高名な人物で、私も名前だけは知っていた）の使いが私を訪ねてきた。私は驚きながらも、ウィンダム卿の邸宅にうかがうことにした。

話を聞いたところ、どうやらウィンダム卿は、私がチェルシーからブラックフライアーズまで泳いだことや、ワイゲートともうひとりの青年にたった数時間で泳ぎを教えたことを耳にしたようだ。

「私の息子ふたりがこれから旅行に出かけるんだが、よかったら泳ぎを教えてやってくれないか。もちろん、相応のお礼はすると約束しよう」と彼は言った。

しかし、彼の息子たちはまだロンドンに来ていなかった。私のほうもいつまでこの町にいるかわからない以上、引き受けるのはむずかしかった。いま思えば、あのままイギリスに残って水泳教室でも開いていれば、かなりの金持ちになっていたかもしれない。彼が声をかけてくるのがもう少し早かったら、私は喜んで泳ぎを教え、アメリカに戻る日を先延ばしにしただろう。


ロンドンで過ごした1年半のあいだ、私はとにかく必死に働いた。芝居を観に行ったり本を読んだりしたのを除けば、自分のために使った時間はほとんどない。そして、友人のラルフのせいで常に貧乏だった。ラルフには27ポンドの金を貸していたが、もはや返ってくる見込みはなかった。当時の私のささやかな収入からすると、27ポンドというのはとてつもない金額だ。だが、それでも私はラルフを嫌いになれなかった。彼は、数々の美点をもつ大切な友人だったのだ。

ロンドンでは貯金こそできなかったが、頭のいい友人が何人かできた。**彼らと交わした会話は、私にとってかけがえのない財産だ。それに、ずいぶんたくさん本を読めた。**

第7章 フィラデルフィアで開業する

人生の計画を10代で考える

1726年7月23日、私たちはロンドンから東に24マイルのところにある港町グレイブゼンドからアメリカに向けて出港した。この航海のことは日記に詳しく書いてあるので、そちらを参照してほしい。その日記で最も重要なのは、私が船のなかで考えた「人生の計画」が書いてある部分だろう。10代のときに考案した計画だが、私は生涯を通じてそれに従ってきた。つまり、それだけの価値があるものなのだ。

フィラデルフィアに着いたのは10月11日だった。上陸してみると、町のようすがずいぶん変わっていた。キースはすでに知事をやめ、ゴードン少佐がそのあとを継いでいた。あるとき私は、ただの市民として町を歩いているキースとばったり会った。彼は私に気づくとばつの悪そうな顔をして、何も言わずにどこかへ行ってしまった。

私もたぶん、昔のままのリード嬢と会ったら同じような顔をしていただろう。だが、彼女はすでに人妻になっていた。私の手紙を読み、私がもうこの町には帰ってこないと思ったようで、まわりに勧められるがままにロジャーという陶工と結婚したのだ。彼女の気持ちを考えれば無理もないことだ。しかし、結婚生活は幸せとはほど遠かったようだ。結婚してすぐに、実は彼にはほかにも妻がいたとわかった。

リード嬢は、夫と一緒に住むことも、夫の名を名乗ることも拒み、結婚の話をなかったことにした。このロジャーという男は、陶工としてはとても優秀で、そのためにリード嬢のまわりの人から気に入られていたが、人としてはただのろくでなしだった。やがてロジャーは借金で首が回らなくなり、1727年か1728年に町から逃げて西インド諸島に渡って、その地で亡くなったという。

キーマーは、前よりも立派な家に住み、仕事場に大量の文房具や新しい活字をそろえ、何人かの印刷工（腕のいい者はいなかった）を雇っていた。商売はうまくいっているようだった。

デナムの死

ウォーター通り沿いにあるデナムの店で、私たちはイギリスから運んできた荷物をほどいた。私は懸命に働き、簿記を勉強し、販売の仕事もひととおり覚えた。デナムとは同じ家で暮らし、一緒に食事をとっていたが、彼はいつも私のことを気にかけ、父親のように相談に乗ってくれた。私もデナムを心から慕っていた。毎日が本当に幸せだった。

しかし、1727年の2月の初め、私が21歳になってまもないとき、私とデナムはそれぞれ病気にかかってしまった。私は肋膜炎になり、生と死の境をさまよった。助かる見込みはないと思っていたので、自分が回復しているとわかったときは肩すかしを食らった気分になった。同時に、いつかまた死の恐怖に怯えなければならないのかと考えてひどく落ち込んだ。

デナムの病気が何だったかは覚えていないが、彼は長らくその病気と闘いつづけ、やがて亡くなった。デナムは、私への好意のしるしとして、口頭の遺言で少しばかりの遺産を残してくれたものの、店は遺言執行人の手にゆだねられた。

デナムとの雇用関係が解消され、私はふたたび広い世間に放り出されることになった。

そのころフィラデルフィアにいた義兄のホームズは、仕事をなくした私を見て、印刷の仕事に戻ることを勧めてきた。キーマーも私を雇いたかったようで、自分は文房具店の仕事に集中したいから印刷所をおまえに任せたい、それなりの年俸は保証する、と言った。

しかし私は、ロンドンにいるあいだに、キーマーの妻や友人からこの男の悪い噂を聞かされていたので、できることならキーマーとこれ以上かかわりたくなかった。それに、今後も商人として働きたかったので、ひとまず商店の働き口を探すことにした。

だが結局、これだと思える仕事が見つからず、私はまたキーマーのもとで働くことになった。

キーマーの印刷所で再度働く

キーマーの印刷所にはさまざまな職人がいた。まず、ヒュー・メレディス。ウェールズ生まれのペンシルベニア人で、年齢は30歳。かつては田舎で農業を仕込まれていた。誠実で思慮深く、しっかりとした観察眼を備えていた。なかなかの読書家だったが、酒を飲みすぎるという欠点があった。

次に、スティーブン・ポッツ。ポッツも田舎の生まれで、成人を迎えたばかりだった。メレディスと同じく農業を仕込まれていて、多くの才能をもち、機知に富み、ユーモアもあったが、怠惰な一面も持ち合わせていた。メレディスとポッツは、驚くほど安い給料で働いていた。

「仕事に慣れてきたら給料を上げるのは当然だから、3か月ごとに1シリングずつ昇給させよう」というキーマーの言葉を信じて、ふたりはこの店で働くことを決めたようだ。当初は、メレディスが印刷業務を担当し、ポッツが製本業務を担当することになっていたが、ふたりに仕事を教えるはずのキーマーは、印刷のことも製本のこともまったく知らなかった。

それから、ジョンという名（だったと思う）のアイルランド人がいた。粗野で、なんの技術ももたない男だった。キーマーはどこかの船長から、「4年間の見習い修業をさせる」という条件でこの男を買ったのだ。彼も印刷工として育てられる予定だった。

オックスフォード大学の学生であるジョージ・ウェッブも、同じく4年間の契約で買われ、植字工として育てられることになっていた。この男については、のちほど詳しく話す。

ほかにも、デイビッド・ハリーという田舎出身の若者が見習いとして雇われていた。

働きはじめてすぐに、キーマーがそれまでと比べものにならないほど高い給料で私を雇った理由がわかった。彼は、未熟な職人たちを私に押しつけ、一人前になるまで面倒を見させるつもりだったのだ。彼らが仕事を覚えれば、安い給料を支払うだけで仕事をまわせる。そうなると、私はもはや必要なくなるというわけだ。だが私は、キーマーのもくろみに気づかないふりをして働いた。乱雑きわまりなかった印刷所も整頓し、真剣に職人たちの指導にあたった。

ジョージ・ウェッブという男

先ほど名前を挙げたジョージ・ウェッブという男について、もう少し話しておく。オックスフォード大学の学生が「買われた見習い職人」という境遇にあるというのは、どうにも妙な話だった。

ウェッブはせいぜい18歳ぐらいで、彼の身の上話によると、出身はグロスターだった。グロスターのラテン語学校に通っていたときに生徒たちで芝居をやり、彼が演じた役がすばらしいと評判になり、それがきっかけで文化人のクラブに入ったという。そこで彼が書いた何編かの散文や詩は、グロスターの新聞に掲載された。

その後はオックスフォード大学に進学したが、彼には「ロンドンに出て役者になる」という夢があったので、学生生活には1年ほどで嫌気がさしてしまった。そしてあるとき、四半期ぶんの学費(15ギニー)を持って町を飛び出し、制服をハリエニシダの茂みに隠してから、ロンドンまで歩いて行った。しかし、ロンドンには彼に忠告をしてくれる友人などいなかった。

劇団関係者との接点も見つからないまま、ずるずると悪い連中とつるむようになり、やがて持ち金を使い果たした。パンを買うために着ているものまで質に入れる始末だった。

しかしある日、腹を減らしながら目的もなく町を歩いていると、悪質な周旋屋のビラを渡された。そこには、アメリカに渡って働くという契約をした者には、その場で食事と手当を支給すると書いてあった。ウェッブはすぐにビラに書かれた住所を訪ね、契約書に署名し、そのままアメリカ行きの船に乗せられた。家族や友人に手紙の1通さえ出さなかったようだ。ウェッブは快活で頭がよく、ユーモアにも富んでいたが、怠け癖があり、恐ろしく軽率な男だった。

私と職人たちの仲はとても良好だった(アイルランド人のジョンだけは、ある日とつぜん逃げ出してしまったが）。仕事のやり方を何ひとつ教えないキーマーとは違い、私は毎日のように新しいことを教えたので、彼らは少しずつ私を尊敬するようになっていった。

また、キーマーは土曜日を安息日としていたので、私たちも土曜日は働かなくてよかった。おかげで、週に2日も本を読んで過ごすことができた。さらに私は、町の知識人たちと交流することが増えはじめていた。キーマーも、私のことを大事な従業員として扱い、（うわべだけは）敬意を払ってくれた。いまや私の悩みの種といえるのは、バーノンから借りたままになっているお金のことだけだった。私はなかなか貯金ができず、いつまで経ってもその金を返せずにいたが、幸いバーノンが催促してくることはなかった。

私たちの印刷所では、活字が不足することが頻繁にあった。しかし、当時のアメリカには活字の鋳造業者などいない。ロンドンにいるときに、活字を鋳造している現場を見たことはあったが、そのときはたいして注意を払っていなかった。そこで私は、自分で鋳型を考案し、手元にある活字を打印器の代わりに使って鉛に字を打ち込み、間に合わせではあったが足りない活字をそろえた。ほかにも、彫り物、印刷用のインクづくり、倉庫番といったことも任された。要するに、私は「なんでも屋」だったのだ。

キーマーとの決別

ところが、ほかの職人たちが仕事を覚えるにつれて、キーマーは私のことを軽く扱うようになった。2回目の四半期ぶんの給料が支払われる日、彼はとうとうこんなことを言った。「やっぱり、これじゃ多すぎるな。金額について少し検討させてくれ」

キーマーは日に日に愛想が悪くなり、横柄な態度が目立ちはじめた。ことあるごとに私の揚げ足をとり、隙あらば喧嘩をふっかけようと待ち構えているように見えた。それでも私は、「キーマーはきっと、経営が苦しくて余裕がなくなっているのだろう」と考えてなんとか我慢した。だがある日、ちょっとした事件のせいで、私たちの関係は完全に断ち切られることになる。

その日、裁判所の近くで大きな音がしたので、何事かと思って窓から顔を出したら、外にいたキーマーに気づかれた。彼は私の顔を見ると、「何をさぼってやがる」と怒鳴ってから、ありとあらゆる暴言を浴びせてきた。それだけでも腹が立つが、さらに悪いことに、キーマーの暴言は外のようすを見ていた近所の人たちにも聞かれてしまった。つまり私は、公衆の面前で罵倒されたも同然だったのだ。その後、印刷所の中に入ってきたキーマーと私は、汚い言葉で互いをののしり合った。口喧嘩のあと、彼は私に解雇通告を行った。

「契約どおり、いまから3か月後におまえを解雇する。まったく、こんなに長い予告期間を定めたのは失敗だった」とキーマーが言ったので、私はこう言い返した。

「安心してください。こんなところ、いますぐ出ていってあげますから」

そして、帽子をつかんで部屋を飛び出した。階段の下でメレディスに会ったので、あとで私の荷物を下宿に届けてほしいと頼んでおいた。

メレディスの提案

メレディスは、私が頼んだとおり夕方に荷物を届けにきてくれた。私たちは冷静に今後のことを話し合った。彼は私のことをとても尊敬していたので、私がいなくなることを心から悲しんでいた。

「このままボストンに帰るのもいいかもしれない」と私がこぼすと、彼は反対し、こんな提案をした。

「キーマーは、自分の持ち物をすべて抵当に入れて借金をしてるんだけど、債権者たちは心配でたまらないらしい。あの男は、経営というものをまったくわかっていないんだ。目先の金のために儲けにならないものを売ったり、帳簿をつけずに掛け売りしたりすることもしょっちゅうだ。このままいけば、間違いなくあの印刷所は潰れるよ。だから、その隙をねらって自分の印刷所を始めたらいいんじゃないか？」

あいにく開業するお金などなかったので、私はその提案を却下したが、メレディスは「お金なら自分の父親が出す」と言った。彼の父は私のことを高く買っていて、もし私たちが共同で印刷所を経営する気があるなら開業資金ぐらいは出してくれるだろう、ということだ。

「それに、ぼくの契約はこの春で切れる。それまでには、印刷機や活字をロンドンから取り寄せられると思う。ぼくは印刷工としてはまだまだ未熟だ。だから、ぼくが資本を提供して、きみが技術を提供するというのはどうだろう？　利益は折半することにしよう」

とても魅力的な申し出だったので、私は喜んで承諾した。ちょうど町に来ていたメレディスの父親も、私たちの計画に賛成してくれた。その父親は、メレディスがどれほど私を尊敬しているかをよく知っていた。私は前に、メレディスの深酒をやめさせたことがある。私たちがもっと親密になれば、息子の飲酒癖は完全になくなるだろうという期待もあって、父親は開業の話に乗り気になったようだ。

私はメレディスの父親に必要な品物のリストを渡し、父親はそれをもって商人のところに行って発注をすませた。それらの品物が届くまでは、開業の話は誰にもしないことにした。品物が届くまでのあいだ、私は町にあるもう一軒の印刷所で働こうかと思ったが、あいにく人手は必要ないとのことだった。

キーマーの印刷所への復帰

とくにやることがないまま何日か過ごしていると、キーマーから伝言が届いた。

「自分たちは古い仲なのだから、あんな口喧嘩で絶交するのは間違ってる。どうか戻ってきてもらえないか」ということだった。どうやら、ニュージャージー植民地の紙幣を印刷する仕事の話が入ってきたものの、その仕事を引き受けるにあたっては私の技術が必要になるらしい。さらにキーマーは、もしブラッドフォード氏が私を雇ったら、紙幣印刷の仕事をとられてしまうかもしれないと心配したようだ。その話を聞いたメレディスは、「ぼくもきみからもっと学んでおきたいから、ぜひ戻ってきてほしい」と言った。

こうして私は、もう一度キーマーのもとで働くことになった。今度は前よりもずっと居心地がよかった。ニュージャージー植民地の仕事をこなすために、**私はこの国で最初の銅版印刷機を考案し、紙幣の装飾の図案や偽造防止のための模様もいくつか彫った。**私とキーマーは一緒にバーリントンに行き、いくつかの仕事をうまく片付けた。キーマーはこの仕事で多額の報酬を手にしたので、しばらくは破産の心配をしないでよかった。

さまざまな有力者との出会い

バーリントンでは、地元のさまざまな有力者たちと知り合いになった。そのうちの何人かは植民地議会に任命された委員で、印刷の現場に立ち会い、法律で定められた枚数より多くの紙幣が印刷されないよう監督するのが仕事だった。彼らはたいてい、話し相手として友人をひとりかふたり連れて、交代で私たちのところにやってきた。みな、キーマーの話よりも私の話のほうを尊重してくれた。

おそらく、長年の読書習慣のおかげで、私のほうがずっと頭がよかったからだろう。私は彼らの自宅に招かれたり、友人に紹介してもらったりして丁重に扱われたが、キーマーのほうは、雇い主であるにもかかわらず、ないがしろにされていた。たしかに、キーマーはかなり風変わりな男だった。世事に疎く、世間でよしとされている考えに反対するのが好きで、身なりもだらしなく、宗教においては狂信的なところがあり、倫理観も欠けていた。

結局、バーリントンには3か月近くも滞在した。そのあいだに、私には多くの知り合いができた。アレン判事、この地方の書記を務めていたサミュエル・バスティル、アイザック・ピアソン、ジョセフ・クーパー、それから測量監督官のアイザック・ディクー。ディクーは非常に頭の切れる老人だった。若いころ、彼は煉瓦職人のもとで土を車に積んで運ぶ仕事をしていた。成人してから字を習いはじめ、測量技師のために測鎖を運びながら測量の仕方を教わった。勤勉に働いた甲斐もあって、私と会ったときには相当な財産を築いていた。彼は私に言った。
「あんたはいずれ、あの雇い主の男から仕事をとっちまうはずだ。それで将来、フィラデルフィアでひと財産を築くだろうよ」
ディクーはこのとき、私がフィラデルフィアで（あるいはどこか別の場所で）独立するつもりだとは知らなかった。

バーリントンで知り合った人たちとの縁は、その後も切れることはなかった。私が彼らのために何かをしたこともあったが、それ以上に彼らが私の力になってくれた。そして誰もが、生涯を通じて私に敬意をもちつづけてくれた。

私の信条と道徳観について

商売の世界に入ってからの話を始める前に、当時の私の信条と道徳観について話しておきたい。その時期の考え方は、のちの人生においても重要な役割を果たすことになった。

信心深かったジョサイアとアビアは、早いうちから私に宗教心を植えつけ、敬虔な非国教徒として育て上げた。だが、さまざまな本を読むうちに、両親の教えにはいくつかの矛盾があるとわかっていった。

15歳になったころには、私は聖書の教えそのものに疑問を抱いていた。ちょうどそのころ、理神論［神は世界の創造主ではあるが、奇跡や預言や啓示をなす存在ではないとする宗教思想］を真っ向から否定する本を何冊か手に入れた。著者は理神論者の主張をいくつか取り上げ、それらがなぜ間違っているかを論じていた。しかし私にとっては、著者の意見よりも理神論者の意見のほうがずっと合理的に思えた。こうして、私は徹底した理神論者になった。

私の影響を受けて理神論者になった人も何人かいる。真っ先に名前が挙がるのがコリンズとラルフだ。ふたりとも私に多大な迷惑をかけておきながら、悪びれるようすは少しもなかった。同じく理神論者だったキースも私に対してとんでもない仕打ちをしたし、私自身、バーノンやリード嬢にひどいことをしている（私は何度も罪の意識にさいなまれた）。あるときから、こんなふうに思うようになった。理神論は真実かもしれないが、道徳を育むという意味ではあまり役に立たないのだろう、と。

私がロンドンで印刷した論文には、ドライデンの詩を引用して次のような題辞を掲げた。
存在するものはすべて正しい
しかし愚鈍な人間は　鎖の一部だけを見る
最も手近な環だけを見て　平衡桿には目を向けない
それがすべての平衡を保っているにもかかわらず
その論文で、私は次のように結論づけた。
「神の属性（無限の知恵と愛と力）をふまえると、この世に悪というものが存在するはずがない。悪が存在しないのであれば、悪徳と美徳を区別することもできない」

かつては、われながらすばらしい論文だと満足していたが、いまはそんなふうに思えない。形而上学の理論によくあるように、論理のどこかが間違っていて、そこからどんどん見当違いな方向に進んでしまったような気がするのだ。

幸福な人生を送るためには、「正直さ」「誠実さ」「高潔さ」をもって人と接することが何より大切だ。そのことに気づいてから、私は生涯にわたってそういう生き方をしようと決め、みずからの決意を文章にまとめた。そのときの文章はいまでも日記のなかに残っているはずだ。

聖書は私にとって重要なものではなかった。だから、聖書が禁じていることは悪いことだ、聖書が命じていることはよいことだ、といった考え方はせずに、**「これが禁じられている（命じられている）のは、この行為が人間にとって本質的に有害（有益）だからだ」**と考えるようにした。

こうした信念をもち、神や守護天使のご加護を受け、環境にも恵まれたおかげで、私は父のもとを離れてからもうまくやってこられた。知らない人に囲まれ、何度となく危ない目に遭いながら誘惑の多い青年期を送ったが、非倫理的な行為や不正行為に**いい、**積極的に手を染めずにいられたのだ。〝積極的に〟と書いたのには理由がある。これまでに紹介してきたように、私は人生においていくつかの誤り《エラッタ》を犯している。だがそれらは、当時の年齢、人生経験の乏しさ、そしてまわりにいた人たちの性質を考えると、ある程度は「やむをえない」ものだったのだ。

こうして私は、自分の事業を始めるまでに、それなりの品性を身につけていた。**自分が品性のある人間だと自覚していたし、開業してからもけっして品性を失うまいと心に決めていた。**

フィラデルフィアで印刷所の開業

フィラデルフィアに戻ってまもなく、ロンドンから新しい活字が届いた。私とメレディスは、開業の話は伏せたまま、キーマーと話をつけて印刷所をやめた。市場の近くにいい家があったので、私たちはそこを借りることにした。

家賃は年24ポンドだった（のちに地代が高騰して70ポンドにまで上がったようだ）。家賃の負担を少しでも軽くするために、ガラス職人のトーマス・ゴッドフリーとその家族と同居したのだが、彼らは家賃の大半を負担したうえ、私たちのぶんの食事まで用意してくれた。

活字箱を開け、印刷機の整備を終えたころ、ジョージ・ハウスという知人が見知らぬ人を連れて印刷所を訪ねてきた。

たまたま通りで出会った地方出身の人から印刷所を探していると言われ、ここまで連れてきたようだ。ちょうど、必要な道具をそろえたために現金が残っていないときだったので、ありがたい話だった。

地方から来た男性が払ってくれた5シリングは、私たちにとって初めての収入であり、その後稼いだどの5シリング銀貨よりもうれしいものだった。

私はいま、事業を始める若者がいたら、できるかぎりの援助をするようにしている。ジョージ・ハウスへの感謝の気持ちがなければ、ここまですることはなかっただろう。

不吉な予言者

どんな土地にも不吉な予言者《クローカー》というものがいる。ことあるごとに「この土地はもうすぐ滅びるだろう」と口にする類の人々だ。

当時のフィラデルフィアにもそういう人がいた。サミュエル・ミクルという初老の男性で、知的な顔立ちと重々しい話し方が特徴的だった。町では名の知られた人物だったが、私は一度も会ったことがなかった。ところがある日、ミクルがとつぜん家にやってきて、「最近、印刷所を始めた青年というのはきみかね?」と尋ねた。そうです、と私が答えると、彼はこんなことを言った。

「そうか。それは気の毒なことだ。開業には金がかかっただろうが、その金がきみのもとに戻ってくることはない。なぜなら、フィラデルフィアは『滅びゆく土地』だからだ。この町の住人は、半ば破産したような人ばかりだ。新しい建物が建てられたり、地代が高騰したりしているせいで、この町はむしろ繁栄の一途をたどっているように思えるかもしれない。だが私に言わせれば、そんなものはあてにならない。『繁栄しているように見える』現象こそが、実は町を滅ぼす原因なのだよ」

そしてミクルは、いま起こっている、あるいはまもなく起こるであろう凶事について詳しく語った。彼が帰ったあと、私はひどく憂鬱な気分になった。もし、もっと前に彼に会っていたら、おそらく開業をあきらめていただろう。ミクルはその後もこの「滅びゆく土地」にとどまり、不吉な予言を繰り返した。フィラデルフィアがいずれ滅びると信じていたので、ぜったいに家を買おうとしなかった。

しかし数年後、ミクルは考えを変えて自分の家を買った。彼が不吉な予言を口にするようになったときと比べ、家の価格は5倍にまで膨れ上がっていた。それを見て、私はようやく溜飲を下げることができた。

〈ジャントー〉クラブを開く

さて、書き忘れていたことがある。開業する前年の秋、**私は博識な知人を集めてクラブを組織した。目的は、議論を通じて互いの見識を深め合うことだ。**私たちはそのクラブを〈ジャントー〉と名づけ、毎週金曜日の夜に集まることに決めた。

また、「会員は持ち回りで、倫理、政治、自然哲学に関する議題を最低でもひとつ提出し、それについて全員で議論を戦わせなければならない」「3か月に1度、自分の好きなテーマでエッセイを書き、全員の前で発表しなければならない」という会則を定めた。

私たちの目的はあくまでも「真理の探究」なので、議論のための議論になったり、相手の意見をねじ伏せることが目的にならないよう、議論は議長の司会のもとで進められることになった。クラブの発足から少し経つと、議論が白熱しすぎるのを防ぐために、断定的な言い方をしたり、他人の意見を頭ごなしに否定したりすることを禁止し、そのルールを破った者には少額の罰金を科すことにした。

クラブのメンバーたち

最初の会員は次のような人たちだ。

まず、ジョーゼフ・ブライントナル。公証人の証書の代筆をしている中年の男だ。親切で人当たりがよく、詩をこよなく愛し、暇さえあれば本を読み、自分でもなかなかの文章を書いた。また、手先がとても器用で、ちょっとした装身具をつくるのがうまく、話もおもしろかった。

次にトーマス・ゴッドフリー。彼は独学で数学を究め、一流の数学者として名を知られていた。のちに「ハドレーの四分儀」と呼ばれる装置を発明したのもこの男だ。しかし、自分の専門分野以外の知識はほとんどもっておらず、愛想も悪かった。私がこれまで出会ってきた高名な数学者たちと同じように、他人の言うことが少しでも間違っていれば不満を漏らし、人の意見をことごとく否定したり、つまらないことだと決めつけたりして、場の空気を乱した。結局、彼はすぐにクラブを去った。

ニコラス・スカル。この男は測量師で、のちに測量監督官になった。読書が好きで、ときどき詩を書いていた。

ウィリアム・パーソンズ。若いときは靴職人の仕事を仕込まれたが、なかなかの読書好きで、数学の知識もかなりのものだった。もともとは占星術師になるために数学の勉強を始めたのだが、しだいに占星術をばかにするようになっていった。彼ものちに測量監督官になった。

ウィリアム・モーグリッジ。すばらしい技術をもつ指物職人で、分別もあった。

ヒュー・メレディス、スティーブン・ポッツ、ジョージ・ウェッブもクラブの会員だった。この3人については前に述べたとおりだ。

ロバート・グレイス。裕福で気前のいい青年だ。快活で頭がよく、ユーモアにも富んでいたので、みんなの人気者だった。

最後に、ウィリアム・コールマン。クラブに入ったときは商店で働いていて、歳は私と同じぐらいだった。私がこれまで出会った人のなかで最も落ち着いていて、すぐれた頭脳と優しい心、そして厳格な道徳観をもつ男だった。

彼はのちに商人として名を馳せ、この植民地の判事も務めた。私とコールマンの交流は、彼が亡くなるまで、40年以上にわたって続くことになる。また、私たちのクラブも同じく40年ほど存続した。〈ジャントー〉は、この植民地で最もすぐれた哲学と政治の学校だったといえるだろう。

会員が提出した議題は全員の前で読み上げられ、**1週間後にその議題について話し合うのがルールだった。つまり、会員はおのずと、議論で適切な発言ができるように、1週間かけてその分野のことを勉強することになる。さらに、会員のあいだで軋《あつ》轢《れき》が生じないよう、さまざまな点を考慮して会則をつくったおかげで、私たちは気品のある会話ができるようにもなった。**

こうした理由から、〈ジャントー〉は長いあいだ存続することができたのだ。このクラブについてはこのあとも何度か触れることになるだろう。

ここで〈ジャントー〉について書いたのは、当時私を支援してくれた人々を紹介してておきたかったからだ。クラブの会員たちは、私のためにいろいろな仕事を見つけてきてくれた。なかでも、ブライントナルが紹介してくれた仕事はとくに印象的だった。クエーカー教徒が発行している年史のうち40枚を印刷する仕事だ（その40枚以外の印刷はキーマーが引き受けた）。単価の安い仕事だったので、私たちは必死に分量をこなした。

私は1日に見開き1枚の活字を組み、メレディスがそれを印刷した。とはいえ、ほかの友人たちも仕事をもってきてくれたので、印刷が予定どおり進むことはまずなかった。結局、翌日の仕事のために版を崩したときには、たいてい夜の11時、場合によってはもっと遅い時間になっていた。

勤勉こそ利益

ある日の夜中、その日の仕事を終えて一息つこうかと思ったとき、なぜか組版が壊れているのに気がついた。当然、印刷したページは文字がごちゃごちゃになっていた。私はすぐに版を崩し、寝る時間を削って組み直した。そんなふうに働く姿を見た近所の人たちは、私のことを評価し、心から信用するようになった。

こんな話を耳にしたことがある。あるとき、商人たちの集まる〈エヴリナイト・クラブ〉で、新しい印刷所ができたという話題が持ち上がった。会員の多くは、「この町にはすでに、キーマーの印刷所とブラッドフォードの印刷所がある。新しい印刷所ができたところで長続きしないだろう」と言った。しかし、ベアード博士（この人とは、のちに彼の故郷であるスコットランドのセント・アンドリューズで会うことになる）だけは違う意見を口にした。

「あそこにいるフランクリンほどの働き者には、これまでお目にかかったことがない。なにしろ、私がクラブから帰る時間になっても働いてるし、朝は近所の人が起き出すより早く仕事を始めてるんだ」

ベアード博士の言葉を聞いて、クラブにいる誰もが感心したようだ。それからまもなく、〈エヴリナイト・クラブ〉の会員のひとりが私のところにやってきて、文房具を卸してあげようと言ったが、私は断った。小売業に手を出すつもりはまだなかったからだ。

私は何も、自分の勤勉さを自慢したいわけではない。**これを読んだ自分の子孫に、勤勉さがどれほどの利益をもたらすかを知ってもらいたいだけだ。**

新聞を発行する

開業して少し経ったころ、ジョージ・ウェッブが私のところで働かせてほしいと頼んできた。お金を貸してくれる女友達が見つかったので、そのお金でキーマーとの契約を終わらせるつもりだ、と彼は言った。だが、ウェッブを雇うほどの余裕はなかったので、私は彼の申し出を断った。だがその際、うっかりこんなことを言ってしまった。

「まだ誰にも言っていないんだけど、近いうちに新聞を出すつもりだ。新聞の発行が始まったら、きみに頼める仕事も出てくると思う」

そのときウェッブにも話したのだが、私は新聞を発行すればうまくいくに違いないと考えていた。当時のフィラデルフィアでは、新聞といえばブラッドフォードが発行している一紙だけだった。内容は低俗で、商売としてもずさんで、少しもおもしろくなかったが、それでもけっこう儲かっていた。もっといい新聞を出せば、間違いなく成功すると思えた。

私は、「まだ誰にも言わないでほしい」とウェッブに釘を刺しておいたが、あろうことか彼はキーマーにこの話をしてしまった。話を聞いたキーマーは、私を出し抜こうと考えて、すぐに「自分もこれから新聞を発行する」と告知した。ウェッブはそのままキーマーの手伝いをすることになった。私は腹を立てたが、自分の印刷所ではまだ新聞を発行できそうになかったので、別の方向からキーマーの邪魔をすることにした。ユーモアに富んだコラムを書き、ブラッドフォードの新聞に載せたのだ。

コラムは「おせっかいな人」というタイトルにして、私が何編か書いたあとはブライントナルが引き継ぎ、数か月にわたって執筆を続けてくれた。やがて、フィラデルフィアの人々の関心はブラッドフォードの新聞に集まるようになった。

キーマーの新聞に興味をもつ人はほとんどいなかったが、それでも彼は9か月ものあいだ新聞の発行を続けた。しかし、購読者は90人で頭打ちとなり、彼はとうとう破格の値段でその新聞を私に譲ると言い出した。私もいずれキーマーの新聞を引き取るつもりだったので、ふたつ返事でその提案に乗った。数年後には、私はその新聞でかなりの利益を上げるようになった。

印刷・新聞事業の発展

私はメレディスと共同で印刷所を経営していたが、仕事の話になるとつい「私」という主語を使ってしまう。だが、何から何まで私ひとりでやっているようなものだったので、仕方ないことだ。メレディスは植字の技術をもっていなかったし、印刷も下手だった。しかも、四六時中酔っ払っていた。私の友人たちは、私がメレディスのような男と一緒にいることを「もったいない」と言ったが、我慢する以外にできることはなかった。

私たちが最初に発行した新聞は、それまでこの植民地で発行されていたものとはずいぶん異なっていた。活字は立派だったし、印刷もきれいだった。さらに、私が書いたある記事（バーネット知事とマサチューセッツ植民地議会とのあいだで起きていた論争を取り上げ、大胆に批評したものだ）が有識者たちの目にとまり、この新聞と私たちの名前は一躍有名になった。数週間後には、記事を評価してくれた知識人たち全員が購読者になった。

その後も購読者は増えつづけ、新聞の発行部数は増加の一途をたどった。文章の書き方を学んだ経験が初めて役に立ったのだ。さらに、新聞を読んだ有力者たちが、私のことを「なかなかの文章を書く人物」だと認め、積極的に後援したり、激励の言葉をかけてくれたりするようにもなった。ブラッドフォードは、相変わらず植民地議会の議事録や法令をはじめ、官庁関係の書類の印刷を手がけていた。彼はあるとき、植民地議会から知事に宛てた請願書を印刷したのだが、仕上がりは雑で、誤植だらけだった。

私たちはその請願書をきれいに、かつ正確に刷り直し、議員全員に1枚ずつ送った。修正版の請願書を読んだ議員たちは、どちらの印刷所のほうがすぐれているかをはっきりと理解した。私たちを高く評価する議員はどんどん増えていき、結果的に、翌年以降の植民地議会の仕事は私たちが引き受けることに決まった。

植民地議会にいる友人のなかで忘れてはならないのは、前に紹介したハミルトン氏だ。彼はすでにイギリスから帰国し、植民地議会に議席をもっていた。植民地議会の仕事を私たちにまわすために、彼はあらゆる手を尽くしてくれた。その後も彼は、亡くなるまで、さまざまなかたちで私の力になってくれた。

ちょうどそのころ、バーノンから手紙が届いた。そこには借金のことが書いてあったが、催促するような感じでもなかったので、私は「もう少し待ってもらえないか」と率直に返事を書いた。バーノンは承諾してくれた。

私は、借金を返せるだけのお金ができるとすぐに、元金に利子をつけ、ていねいな感謝の言葉を添えて返済した。こうして、私の誤り《エラッタ》は多少なりとも訂正された。

新たなる問題

ところが、予想もしなかった別の面倒事が持ち上がった。開業資金を出すと約束してくれたメレディスの父親が、ペンシルベニアのお金で100ポンドしか融資できないと言い出したのだ。その100ポンドはすでに返済にあてていたが、道具を仕入れてくれた商人への未払いぶんがもう100ポンド残っていた。

私は途方に暮れてしまった。やがて、いつまで経ってもお金を返そうとしない私たちを見て、商人がとうとう訴訟を起こした。私たちは保証金を納め、少し待ってもらうことにしたが、もし期限内に金を用意できなければ、しかるべき判決が下されて刑が執行されるだろう。そうなると、支払いのために印刷機や活字を半値ぐらいで売り払わなければならなくなり、前途有望なこの商売は私たちともども破滅することになる。

だが、窮地に陥った私のもとに、真の友といえるふたりの友人がやってきた。彼らは別々に私を訪ねてきたが、どちらも同じことを言った。
「お金のことはぼくがなんとかする。だから、今後はきみひとりで商売をするのがいいんじゃないか?」
私から頼んだわけでもなければ、ふたりで申し合わせたわけでもなかった。今日にいたるまで、彼らの優しさを忘れたことはない。この先もずっと、私に正常な記憶力があるかぎり忘れないだろう。

ふたりは、私がメレディスと共同で仕事を続けていくことに反対していた。彼らいわく、メレディスはしょっちゅう町で酔っぱらったり、酒場で低俗な博打に興じたりしているので、いいかげん信用できなくなってきた、ということだった（ちなみに、このふたりの友人というのは、ウィリアム・コールマンとロバート・グレイスのことだ）。私はふたりに言った。

「メレディス親子が契約を反故《ほご》にしたと決まったわけじゃない。だから、いまはまだ、ぼくのほうから『関係を解消しよう』とは言えないんだ。あの親子がしてくれたことや、これからしてくれるかもしれないことに対しては、本当に感謝してるからね。でも、もしあの親子が約束を守れず、共同経営が解消されたとしたら、そのときは遠慮せずにきみたちの言葉に甘えるとするよ」

メレディスとの別れ

その後、この話はしばらく棚上げになったが、あるとき私はメレディスにこう言ってみた。
「もしかしたら、きみのお父さんはぼくたちの仕事の分担に納得がいかないんじゃないか。きみのためならお金を出しても、ぼくらふたりのために出すつもりはないのかもしれない。もしそうなら、正直にそうだと言ってくれないか。ぼくはこの仕事から完全に手を引いて、自分で商売を始めるつもりだ」

すると、メレディスは答えた。

「いや……そういうわけじゃないんだ。父は本気でお金を出すつもりだった。でも、あてが外れちゃったらしい。いろいろ考えたんだけど、ぼくはもうこれ以上、父に心配をかけたくない。この仕事はぼくには向いてなかったみたいだ。農業を仕込まれた男が、30歳になってから都会に出てきて、新しい仕事を覚えるために見習い修業をするなんて……まったく、ばかなことをしたよ。ちょうどいま、大勢のウェールズ人が土地の安いノースカロライナに移住しようとしてるらしいから、ぼくもその一団に加わって、もう一度農業を始めようかと思ってる。きみには助けてくれる友達が何人かいるだろう？　もし、印刷所の借金を引き受けて、父が立て替えた100ポンドを返して、ぼく個人の……その、ちょっとした借金も代わりに支払って、それから30ポンドと新しい馬の鞍をひとつくれるなら、共同経営権を放棄して、すべてをきみに譲るよ」

私はこの申し出を受けることに決め、すぐに書類を作成し、署名捺印してから、メレディスが要求したものを用意した。その後、彼はすぐにノースカロライナへと旅立った。

翌年、メレディスから届いた2通の長い手紙には、ノースカロライナの気候、土壌の性質、農業のことなどが書いてあった。メレディスの土地を見る目は確かだったようで、ノースカロライナに関する報告としては過去に例を見ないほどみごとな内容だった。その手紙を新聞に載せたところ、読者から多くの反響があった。

メレディスが町を去ったあと、私はすぐにふたりの友人に助けを求めた。一方から支援を受け、もう一方からは受けないというのも不義理な気がしたので、必要な額を半分ずつ、両方から借りることにした。そのお金で借金を返し、共同経営を解散した旨の広告を出すと、私ひとりの名義で商売を続けた。たしか、1729年かそのくらいの年のことだったと思う。

第8章

事業での成功と初めての公共事業

そのころ、ペンシルベニア植民地にはわずか1万5000ポンドの紙幣しか流通していなかった。住民の多くは「紙幣を増発すべきだ」と訴えたが、一部の富裕層は増発に反対した。ニューイングランドと同じように、紙幣の価値が下落し、債権者全員が損害を被るのではないかと危惧したのだ。私たちはこの問題を〈ジャントー〉で取り上げた。私は、初めて紙幣が発行されたときのことを考えて、増発に賛成の立場をとった。

1723年に小額の紙幣が発行されたことで、ペンシルベニアの商業はさかんになり、住民の数も増えた。おかげで、いまではどんなに古い家でも人が住んでいて、新しい家もどんどん建てられている。

私がロールパンを食べながらこの町を歩いたときは、ウォルナット通りの海岸側にあるほとんどの家の玄関に「貸家」という張り紙が貼ってあった。チェストナット通りやほかの通りでも同じような光景を見て、「ここの住民は次々に町を捨てて、どこか別の町に移る傾向があるのだろうか」と思ったのをよく覚えている。

クラブで議論を重ねるうちに、私はこの問題に夢中になり、とうとう「紙幣の本質とその必要性」と題した匿名のパンフレットを印刷した。このパンフレットは、一般住民のあいだでは好評を博したが、読んだ住民がますます紙幣増発に乗り気になったために、富裕層からは酷評された。

しかし、富裕層の人々のなかには、私の主張に反論できるほどのすぐれた物書きはいなかった。富裕層の声は日に日に弱まっていき、紙幣増発案は多数の賛成をもって植民地議会を通過することになった。植民地議会にいる私の友人は、この件に関する私の功績を認め、「紙幣の印刷はフランクリンに任せるべきだ」と言ってくれた。割のいい仕事だったので、非常にありがたい話だった。このことも、私の文章力が役に立ったひとつの例だ。

紙幣の印刷を任される

紙幣が使われはじめて少し経つと、誰もが紙幣の効用を理解しはじめた。増発に反対する人はめっきり減り、まもなく流通総額は5万5000ポンドになり、1739年には8万ポンド、フランスとの戦争が始まってからは35万ポンドを超えた。そしてその間、商業は活発になり、建物も住民も増えつづけた。とはいえ、いまだからわかるが、紙幣の発行にも限度というものがある。一定の額を超えてしまうと、なんらかの害がもたらされるのだ。

友人のハミルトン氏の紹介で、私はニューキャッスルの紙幣の印刷も手がけることになった。これもまた、当時は割のいい仕事に思えた。私のようにささやかな商売をしている者には、小さな仕事でも大きく見えるものだが、そういう仕事を通じて私は自信をつけていったので、実際に割のいい仕事だったといえるだろう。さらにハミルトン氏は、ニューキャッスル政府の法令や議事録の印刷までまわしてくれた。私は、印刷業から離れるまでずっと、それらの仕事を手がけることになった。

印刷所と並行して、私は小さな文房具店の経営も始めた。友人のブライントナルの助けを借りて、それまでフィラデルフィアになかった正式な書式用紙を各種そろえ、紙、羊皮紙、行商人が売り歩く安価な本なども用意した。一方、印刷所では、ロンドンにいたときに知り合ったホワイトマッシュという名の植字工が一緒に働くようになった。とても腕がよく、勤勉な男だった。加えて、アクイラ・ローズの息子も見習いとして雇い入れた。

そのころから、開業したときの借金を少しずつ返しはじめた。また、商売人としての信用と評価を落とさないよう、ただ勤勉と倹約を心がけるだけでなく、周囲からも「勤勉で倹約な青年」だと思われるように気を配った。質素な服を着て、遊び場所には立ち寄らず、釣りも狩猟もしなかった。正直に言うと、読書に夢中になって仕事がおろそかになることはあったが、あくまでも「たまに」だ。それに、人目につくことではないので、悪い評判も立たなかった。また、よその店で買った紙を手押し車に積んで、自分で押して帰ることもあった。**そうすることで、「自分は堅実に商売をしています」と周囲にアピールしたのだ。**こうした努力の甲斐あって、私は勤勉で将来有望な青年だと見なされるようになった。商品を仕入れた際は必ず期日どおりに代金を支払ったので、文房具の輸入を手がける商人から取り引きをもちかけられたり、本を卸してあげようと言ってくれる人が現れたりもした。

私の商売は着実にいい方向に進んでいった。一方、キーマーのほうは日に日に信用を失っていった。経営も少しずつ傾いていき、あるときとうとう債権者への支払いのために印刷所を手放した。その後、キーマーはバルバドス島に渡り、何年ものあいだ貧しい暮らしをすることになった。

キーマーの死

キーマーのもとで見習い修業をしていたデイビッド・ハリーは、キーマーの道具を買い取って自分の印刷所を開業した。ハリーは、かつて一緒に働いていたときに面倒を見てあげた男であり、優秀かつ顔の広い友人をたくさんもっていた。私は最初、手強い競争相手が現れたと思ったので、「よかったら一緒に仕事をしないか」と提案してみたのだが、彼は鼻で笑って断った。

だが、断ってもらえたのは幸運だった。ハリーは人一倍プライドが高く、贅沢な暮らしを送り、いつも派手な格好をして遊び歩き、多額の借金をつくり、商売に身を入れようとしなかったので、やがて仕事がまわってこなくなった。

彼はしかたなくキーマーのあとを追ってバルバドス島に渡った。彼はふたたび印刷所を開き、かつての主人であるキーマーを職人として雇ったが、ふたりは喧嘩ばかりしていたようだ。やがてハリーは、借金の返済のために活字を売り、ペンシルベニアに戻って農業を始めた。ハリーから活字を買い取った人が、キーマーを雇って印刷所の経営を続けたが、キーマーはそれから数年後に亡くなった。

こうして、フィラデルフィアにいる競争相手はブラッドフォード氏だけになった。ブラッドフォードはすでにかなりの財産を築いていたので、商売のことは職人たちに任せてのんびり暮らしているように見えた。しかし彼は、印刷所の経営者であると同時に郵便局長でもあった。町の住民は、ブラッドフォードの新聞のほうが情報に富み、広告の宣伝効果も高いと考えたようで、持ち込まれる広告の数は彼の新聞のほうがずっと多かった。これは、私にとって不利なことだ。私も本当は、郵便を使って新聞を受け取ったり送ったりしていた。
そして商売敵のブラッドフォード氏に気づかれないよう、配達人に賄賂を渡して、私が送ったことを秘密にしてもらっていた。そのため住民たちは、私が郵便を使わずに商売をしていると考えたのだ。

だがブラッドフォード氏は、意地の悪いことに、そのやり方まで禁止すると言いはじめた。彼の卑怯なやり方に、私は心からの怒りを覚えた。のちにブラッドフォード氏に代わって郵便局長の座に就いたとき、私は「ぜったいにあんな卑怯なまねだけはしない」と自分に誓った。

縁談が流れる

開業して以来、私はガラス職人のゴッドフリーと同居していた。彼は奥さんと子どもたちと一緒に私の家の一角に住み、印刷所の一角を使ってガラス店を営んでいたが、数学にばかり熱を上げてほとんど働かなかった。ゴッドフリーの奥さんは、私を親戚の娘の結婚相手にしてはどうかと考えたようで、その娘と顔を合わせる機会を何度かつくってくれた。とてもいい娘さんだったこともあり、やがて私のほうも真剣に結婚を考えるようになった。娘さんの両親も、私をたびたび夕食に招き、食事のあとはふたりだけで過ごさせてくれた。やがて、結婚の話が現実的になり、ゴッドフリーの奥さんが先方との具体的な話を詰めてくれることになったので、私は自分の要望を伝えた。

「できれば、印刷所の借金の残りを返せるだけの持参金をつけてほしいと思っています」

そのときにはもう、借金の残額は100ポンド以下になっていたので、私としては控えめな要求をしたつもりだった。だが少し経って、奥さんは言った。

「どうも、先方にはそんな余裕はないみたいです」

私はいささか驚きながらも、「家を担保にすれば、それくらいのお金はどうにかなるんじゃないでしょうか？」と聞いてみたのだが、それから数日後、先方から「この結婚には賛成できない」という返事が届いた。

どうやらその両親は、ブラッドフォード氏に相談をもちかけたようだ。ブラッドフォード氏の意見は次のようなものだった。

「印刷業はけっして儲かる仕事ではありません。活字はすぐに摩耗するので何度も補充しなければなりませんし、実際、キーマーもハリーもこの事業で失敗しています。あの若者も、近いうちに同じ轍を踏むことになるでしょう」

両親は私が家に出入りすることを禁じ、娘にも外出禁止を言い渡した。

先方は、ブラッドフォード氏の言葉を聞いて本当に考えを変えたのかもしれない。あるいは、若いふたりが本気になっているならどうせこっそり結婚するだろうから、わざわざ金を出してやる必要はないと考えたのかもしれない。どちらが正解なのかはわからない。だが、私はおそらく後者だろうと思い、本気で腹を立てた。

その後は一度も彼らの家を訪ねていない。あとになってゴッドフリーの奥さんが、先方にも事情があったのだ、もう一度あの娘との結婚を考えてはどうか、と都合のいいことを言ってきたが、私はきっぱりと断った。

「申し訳ありませんが、あの家族とは金輪際かかわりたくありません」

ゴッドフリー夫妻はこの返答に憤慨し、私たちの仲は険悪なものになった。

やがてゴッドフリー一家は、私を残してどこかに引っ越した。がらんとした家のなかで、「もう二度と同居人なんて置くものか」と私は決意した。

とはいえ、この出来事を経て、私は結婚を意識しはじめた。いい人を見つけようと周囲に目を向けたり、知人の紹介を求めたりしたのだが、ほどなくして、世間の人々が印刷業を「ぱっとしない商売」だと考えていることがわかってきた。どうやら、私が持参金をあてにするなど高望みもいいところで、どうしてもお金が欲しいなら、お金以外に何の魅力もない女性を選ぶしかないようだ。

一方で、リード一家との関係は相変わらず続いていた。私たちは隣人であり、古い知り合いでもあった。彼らの家で下宿を始めたときからずっと、この家族は私に好意をもってくれていた。私はよく彼らの家に招かれ、まるで家族の一員のようにいろいろな相談を受けたし、私の意見が役に立つこともめずらしくなかった。それに、私はリード嬢の不幸な境遇に心から同情していた。

悲しげな雰囲気を漂わせ、ほとんど笑わず、部屋にこもってばかりいる彼女を見るたびに胸が痛んだ。リード嬢を不幸にした原因の大部分は私にある。どうしてロンドンであんなに軽薄で不誠実な行動をとってしまったのだろう、と私は何度も自分を責めた。ところがリード嬢の母親は、そんな私に優しい言葉をかけてくれた。
「悪いのはあなたではなく私のほうです。あなたがロンドンに行くことに決まったとき、あなたたちの結婚に反対したのは私です。あなたがいないあいだにほかの男との結婚を勧めたのも私です。だから、そんなふうに自分を責めないでください」

リード嬢との結婚

いつしか、私とリード嬢はふたたび愛し合っていた。しかし、結婚するにあたってはいくつかの懸念があった。彼女の元旦那のロジャーは、もともと別の女性と結婚していたので、リード嬢との結婚は法律上無効になるのが道理だ。

しかし、ロジャーの最初の妻はイギリスにいるという。つまり、距離が離れすぎていて事実の確認ができなかったのだ。また、ロジャーはすでに亡くなっていると言われていたが、それについても真偽を確かめられなかった。

ロジャーは多額の借金を残していたので、もし彼が本当に亡くなっていて、リード嬢との結婚が無効にならなかったら、リード嬢に請求がいく可能性があった。

だが私たちは、すべての問題をふたりで乗り越えることを決意し、1730年9月

1日についに結婚した。

その後は結局、私たちが懸念していたことは何ひとつ起こらなかった。彼女は優しく貞淑な妻となり、店の仕事も熱心に手伝ってくれた。私たちは手を取り合いながら、成功に向かって進み、互いを幸せにしようと努めた。こうして私は、自分のすべてを尽くして、かつて犯した大きな誤り《エラッタ》を訂正したのだった。

図書館をつくる

そのころ〈ジャントー〉は、酒場に集まるのをやめ、ロバート・グレイスの家にある小さな部屋で会合を開くようになっていた。

ある日、私は会員たちにこう提案した。

「論文を書くためには何冊もの本を参照する必要がある。そこでだ、ぼくらの蔵書をまとめてこの会合部屋に置いておいて、必要に応じて参照できるようにすれば、ずいぶん便利になるんじゃないか？　つまり、クラブのための図書館をつくるってことさ。みんなで協力すれば、全員がすべての本をもっているのと同じことになる。こんなに有益な話はないだろう？」

ありがたいことに、クラブの全員がこの提案に賛成してくれた。こうして私たちは、選りすぐりの蔵書をグレイスの部屋に並べたが、その数は期待したほど多くはなかった。しかも、それらの本は非常に役に立ったものの、きちんと管理するのは簡単ではなかった。結果的に図書館は1年しかもたず、私たちはそれぞれ自分の本を持ち帰ることになった。

だが、この一件を経て、私のなかにひとつの目標が生まれた。公共施設、すなわち会員制図書館をつくろうという目標だ。

そこで、まずは私がアイデアをまとめ、この町の偉大な公証人であるチャールズ・ブロックデンに頼んで正式な文書にしてもらい、団体を設立し、〈ジャントー〉の仲間たちの助けを借りて50人の会員を集めた。会員は入会金として40シリングを支払い、その後は毎年10シリングの会費を50年にわたって納めることになっていた（50年と定めたのは、この団体がそれくらいの期間は存続すると思ったからだ）。会員が100人にまで増えたころ、私たちの団体は法人化された。

これは、現在の北アメリカに数多く存在する会員制図書館の原型だといえる。この元祖会員制図書館そのものもずいぶん大きくなり、いまなお会員を増やしつづけている。図書館ができたことで、この国の人々は知的な話ができるようになった。平凡な商人や農民が、いまや他国の紳士たちに劣らないほどの教養を身につけている。すべての植民地の住民が、自分たちの権利を守るために戦えたのも、図書館があったおかげではないかと私は思っている。

※著者の覚え書き

ここまでは、息子や子孫のためにという最初に述べた目的のために書いた。他人からしたらどうでもいいような、家庭内のこまごまとした話をしたのもそのためだ。現在は、数年の間を置いてから一般読者に向けて書いている。執筆を一時中断した理由は、独立戦争の騒ぎに巻き込まれたからだ。

自伝の続稿

1784年、パリ近郊の町パッシーにて

自分のことを書くのであれば、あいまいな記憶に頼るのではなく、家にある昔のメモを参照し、自分がいつ、どこで、何をしたかを細かく書いたほうがいい。しかし、いまのところ帰宅できる見込みはないし、ちょうど少しばかり時間ができたところなので、不完全な記憶を頼りに自分のことを書いてみようと思う。生きてわが家に帰れたら、メモを見ながら加筆と訂正を加えるつもりだ。

最後に書いたとき、私はどこまで話しただろうか。フィラデルフィアの公共図書館（いまではずいぶん立派な施設になった）について書いたような気がするが、建てた方法まで書いたかどうか思い出せない。前に書いたものの写しが手元にないので、どうか大目に見てほしい。とりあえず、そのあたりの話から始めることにする。すでに書いていたらあとで削ろう。

私が印刷所を開業したころ、ボストン以南の植民地にまともな本屋はなかった。ニューヨークとフィラデルフィアでは印刷所が文房具店を兼ねていたが、売っているものといえば、せいぜい紙類、暦、物語詩集《バラッド》、それから何種類かの教科書ぐらいだ。読書が好きな人は、自分でイギリスから本を取り寄せなければならなかった。

〈ジャントー〉の会員はみな、わずかばかりの蔵書をもっていたが、どれもイギリスから取り寄せたものだった。〈ジャントー〉発足からしばらくのあいだ、会合は酒場で行われ、その後私たちは部屋をひとつ借りてそこを集会場にした。

ある日、私は会員たちに、全員の蔵書をこの部屋に持ち寄らないかと提案した。そうすれば、各々が調べ物のために参照したり、読みたい人に貸し出したりできて便利だと思ったのだ。この提案はすぐに実行に移され、誰もがしばらくのあいだ満足していた。

図書館の運営

集まった本は多くはなかったが、この出来事を経て、「会員制の図書館をつくれば、誰でも本が読めるようになり、多くの人の利益になるのではないか」と思うようになった。そこで、私はまず具体的な計画と会則をまとめた草案をつくり、公証人のチャールズ・ブロックデンに頼んで正式な定款にしてもらって会員を募った。

会員は最初に書籍購入費として一定の額を支払い、その後は追加の書籍購入費として年会費を納める決まりになっていた。しかし、その時期のフィラデルフィアには、読書好きといえる人はそこまで多くなかった。また、知り合いのほとんどは貧しい暮らしを送っていたので、私が必死に声をかけたにもかかわらず、入会金40シリングと年会費10シリングを支払うと言ってくれたのはわずか50人程度だった（大半は若い商人だ）。

こうして集まったわずかな資金を元手に、私たちは図書館の運営を始めることになった。本は外国から輸入し、図書館が開くのは週に1度。会員には、「貸出期限を守らなかった者は、罰金として本の定価の2倍の価格を支払う」という誓約書に署名をしてもらった。

設立から少し経つと、この施設が有益だと認められたようで、ほかの町や植民地も図書館を建てはじめた。そして、それぞれの図書館に寄贈図書が増えていき、読書はある種の流行になっていった。当時のアメリカには娯楽施設がほとんどなかったので、人々はどんどん読書にのめり込んだ。わずか数年のうちに、他国の人々はアメリカ人のことを「ほかの国の同じ階級の人に比べ、豊かな教養と知識を備えた国民」と見なすようになった。

私たちは、図書館の定款の有効期間を50年とし、会員だけでなく会員の相続人に対しても効力をもたせようと決めていた。定款に署名をしようとしたとき、公証人のブロックデン氏は言った。

「きみたちは、いまはまだ若いが……この証書の期限が切れるころには誰ひとりとしてこの世にはいないだろう」

しかし、最初の会員のうちの何人かはまだ生きている。とはいえ、この団体は設立から数年後に法人化され、永久に存続することが決まったので、証書はただの紙切れになってしまった。

発起人であることは隠す方がうまくいく

図書館の会員を増やすためにさまざまな人に会いにいき、何度となく計画に反対されたり、署名を渋られたりするうちに、私は重要なことに気がついた。

何かを成し遂げるために他人の力を借りたいのであれば、自分がその計画の発起人だと明かさないほうがいいということだ。

何かを頼まれた人は、「自分が頼みを聞けば、頼んだ人間の評価が上がる」とわかると、とたんに協力する気をなくすものだ。だから私は、自分が図書館の運営側だということを隠し、「これは友人が立てた計画なんです。ぼくは友人に頼まれて、読書が好きそうな人に声をかけているだけです」と説明した。

この手法を使いはじめてから、会員になってくれる人が増えた。その後も、似たような状況になるたびに同じ手を使っているが、だいたいうまくいっているので、これを読んだ方にも同じことを勧めたい。

せっかく苦労して立てた計画を、まるで他人の計画であるかのように説明するのはいい気がしないだろうが、あとでじゅうぶんな恩恵を受けられるので安心してほしい。発起人がはっきりしないと、野心に満ちた誰かが「それ、実はおれのアイデアなんだ」などと言い出す可能性もあるが、いつかは真実が明らかになる。そうなれば、あなたを妬んでいる人までもが、恥知らずの野心家から名声を取り上げ、正当な所有者であるあなたに返そうとするだろう。

勤勉こそ富と名声の礎

図書館ができたおかげで、私は好きなだけ勉強に打ち込めるようになった。毎日数時間を勉強にあて、かつて通えなかった高等学校の知識をある程度まで身につけた。私は酒場にも行かず、賭け事にも興じず、遊びというものに時間を費やすことなく、読書だけを日々の楽しみにして過ごした。一方、日々の仕事も相変わらずまじめにこなしていた。

開業時の借金はまだ残っていたし、近いうちに子どもが生まれようとしていた。それに、私より前からこの町で商売をしているふたりの商売敵との競争も続いていた。とにかく熱心に働いたので、暮らし向きは少しずつよくなったものの、私は相変わらず倹約を心がけた。

子どものころ、父は私にいろいろな教訓を説いてくれたが、なかでもよく口にしたのはソロモンの次の教えだ。

「汝、生業《なりわい》に熟練した人を見よ。その者は王の前に立つが、卑しい者の前には立たない」

この教えにもとづき、私は勤勉こそが富と名声を手にする方法だと考えてきたし、何度となくこの教えに励まされた。「王の前に立つ」という言葉を文字どおりの意味でとらえたことはなかったが、のちにこれが実現することになる。私は5人の王の前に立ち、そのうちのひとりであるデンマークの王とは、名誉なことに食事までともにした。

イギリスには、「男の成功、呼ぶのは女房」ということわざがある。自分と同じく勤勉と倹約を大切にする妻をもてたのは、私にとってこのうえない幸運だった。妻はよく私の仕事を手伝ってくれた。パンフレットを折ったり綴じたり、店番をしたり、製紙業者に売るための古い麻布《あさぬの》を買ってきたりして、私を支えてくれた。私たちの家に召使いはいなかった（雇ったところでたいして役に立たないと思ったのだ）。

食事はいつも簡素だったし、食器も家具も安物をそろえていた。たとえば、私の朝食は長いあいだパンとミルクだけで（紅茶は飲まなかった）、2ペンスの陶器の深皿に入れ、白鑞《ピューター》［錫を主成分とする合金］のスプーンで食べた。しかし贅沢というのは、どれほど倹約を心がけていても、いつの間にか家に入り込んで広がっていくものだ。

ある朝、朝食ができたと妻に言われて食卓に向かうと、テーブルの上に磁器茶碗と銀のスプーンが置かれていた。妻は、私に相談もせずに、23シリングもするそれらの食器を買ったようだ。

「あなたのために買ったの」と妻は言った。「あなたは近所の人に負けないぐらい立派なんだから、ほかの人と同じように、銀のスプーンと磁器の茶碗で食事をしてもいいはずよ」

妻はそれ以上、言い訳も弁解もしなかった。こうして、わが家にも貴金属の食器と磁器が持ち込まれた。高価な品は時とともに増えていき、やがて価格にして数百ポンドに達するまでになった。

私の宗教観

私は、宗教的には長老教会派の会員として育てられてきた。しかし、この宗派の教義にある「神の永遠の意志」「神の選び」「永遠の定罪」といったことがまったく理解できず、その他の点に関しても少なからず疑念を抱いていた。

日曜日は私の勉強日だったこともあり、私は若くして日曜日の集会に出るのをやめた。とはいえ、宗教上の主義をまったくもたないわけではない。

神が存在すること、世界が神によって創造され、神の摂理によって治められていること、神の御心に最もかなう奉仕が「他者への善行」だということ、霊魂が不滅であること、現世においても来世においても、すべての罪は罰せられ、すべての善行は報われることなどは一度も疑ったことがない。

これらはおそらく、あらゆる宗教の本質なのだろう。アメリカに存在するどの宗派にもこうした要素があるし、だからこそ私はすべての宗派に敬意を払っていた。だが、敬意の度合いは宗派によって異なった。

先ほど挙げた本質的なものを除くと、どの宗派にも、人間の道徳性を鼓舞したり、助長したり、強固にしたりする要素がない。むしろ、私たちを分裂させ、不和をもたらすような信条も少なからずある。だが**私は、どんな宗派であっても多少は人の役に立つと考えていたので、人の信仰についてあれこれ口を出したりはしなかった。**

ペンシルベニアにも、住民が増えるにつれて新しい礼拝堂が次々に建てられていった。礼拝堂はふつう、有志による寄付によって建てられるが、私はどの宗派かに関係なく必ず寄付することに決めていた。

私はめったに公式の礼拝に参加しなかったが、礼拝は多くの人の役に立つと考えていた（正当な方法で行われる場合は、ということだが）。そのため、フィラデルフィアにひとりだけいた長老教会派の牧師と、彼が開く集会を支援するために、毎年欠かさず献金を納めた。

この牧師はときどき私を訪ねてきて、「きみも礼拝に出たらどうかね」と友人のように勧めるので、私は折を見て出席するようにしていた。5週続けて出たこともあった。日曜は私の勉強日ではあったが、もしこの牧師の説教に感銘を受けていたら、その後も出席しつづけただろう。

だが彼は、道徳の原理を説くことは一度もなく、神学論争や長老教会派の教義の説明ばかり繰り返した。私にとっては、何ひとつ得るもののない時間だった。その牧師の目的は、私たちを善良な市民にすることではなく、説教を聞いた人を長老教会派の会員にすることのようだった。

がっかりした説教

ある日の説教で、牧師は「ピリピ人への手紙」の第4章の次の一節を題目とした。

「最後に、兄弟たちよ。真実なこと、誠実なこと、公正なこと、高潔なこと、愛すべ

一生頭がよくなり続ける すごい脳の使い方

加藤俊徳 著

学び直したい大人必読！大人には大人にあった勉強法がある。脳科学に基づく大人の脳の使い方を紹介。一生頭がよくなり続けるすごい脳が手に入ります！

定価＝1540円（10%税込）978-4-7631-3984-9

やさしさを忘れぬうちに

川口俊和 著

過去に戻れる不思議な喫茶店フニクリフニクラで起こった心温まる四つの奇跡。
ハリウッド映像化！世界320万部ベストセラーの『コーヒーが冷めないうちに』シリーズ第5巻。

定価＝1540円（10%税込）978-4-7631-4039-5

血流ゼロトレ

堀江昭佳　石村友見 著

100万部シリーズ『ゼロトレ』と42万部シリーズ『血流がすべて解決する』の最強タッグ！
この本は「やせる」「健康になる」だけではありません。弱った体と心を回復させます。
自分の「救い方」「癒し方」「変え方」「甘やかし方」教えます！

定価＝1540円（10%税込）978-4-7631-3997-9

電子版はサンマーク出版直営

きこと、栄誉あること、そのほか徳といわれること、賛美されるべきことがあれば、どんなことであれ、それらを心に留めなさい」

私はてっきり道徳に関する話を聞けると思ったのだが、彼はなんと、使徒パウロが言わんとしたのは次の5つの点だけだと語った。

第1に安息日を聖日として守ること。
第2に聖書を熱心に読むこと。
第3に公式の礼拝にはきちんと出席すること。
第4に聖餐式に参加すること。
第5に神のしもべである牧師に敬意を払うこと。

たしかに、どれも立派なことではある。だが、私がこの題目を通して聞きたかったのは、もっと違った話だ。私は落胆し、この牧師は今後も私の聞きたい話をしてはくれないだろうとあきらめた。そして二度と彼の説教には参加しなかった。

実はその数年前の1728年、自分用の礼拝のために、「信条と宗教的行為」という題の簡単な祈禱文をつくったことがあった。

私はその祈禱文をふたたび使うことにして、公式の集会にはもう参加しないと決めた。もしかしたら、このときの私の行いを非難する人もいるかもしれないが、ここでくどくどと弁解するつもりはない。私の目的は事実を書くことであり、言い訳をすることではないのだから。

第9章 道徳的に完璧な人間になるための計画

私が「道徳的に完璧な人間」になることを決意し、大胆かつ困難な計画を考え出したのはこの時期のことだ。私の願いは、どのような状況下においても過ちを犯さずに生きていくことだった。

人の過ちは、生まれもった性質、長年の習慣、友人の誘惑といったさまざまなことに起因するので、そうしたすべての原因を克服する必要があった。私はすでに、何が正しくて何が間違っているかを理解していた（少なくとも理解していると思っていた）ので、その気になれば、常に正しいことをして、間違ったことはしないというのも不可能ではないと思えた。だがまもなく、私の試みは予想よりもはるかに大変なものだとわかった。

ひとつの過ちを犯さないように注意していると、気づかないうちにほかの過ちを犯してしまう。油断すると悪い習慣が身についてしまうし、自分の生来の性質を理性で抑え込むのは簡単ではない。やがて、私ははっきりと理解した。「完全な道徳性を身につければ、より有意義な人生を送れる」と頭でわかっているだけでは、過ちを防ぐことはできない。**自分はけっして道を間違えないという確固たる自信を手にするためには、まず悪い習慣を断ち切り、よい習慣を身につけなければならないのだ。**そこで、ある方法を考えた。

13の徳目

私が読んできた本のなかには、さまざまな「徳」のことが書かれていた。だが「徳目」の数は本によって異なった。ひとつの徳目にさまざまな意味をもたせている場合もあれば、少ししか意味をもたせていない場合もあった。

たとえば、「節制」という徳目がある。ある著者はこれを「飲食」に限定しているが、別の著者は、飲食に限らず肉体的・精神的なあらゆる欲求を含めて論じている。

私は各項目をできるだけシンプルにしたかったので、徳目の数を多くして、意味は狭い範囲に限定した。私がつくった徳目の数は全部で13になる。その13の徳目のなかに、当時の私にとって必要な、あるいは望ましいと思われた徳がすべて含まれている。また、それぞれの徳目には短い戒律をつけた。それらを読めば、私が13の徳目にどのような意味をもたせたかがはっきりとわかるだろう。

それぞれの徳目の名称と戒律は次のとおりだ。

1　節制

飽きるまで食べないこと。酔うまで飲まないこと。

2　沈黙

自分と他人に無益な話をしないこと。むだな会話は避けること。

3　規律

物は場所を決めて置くこと。仕事は時間を決めてすること。

4　**決断**

やるべきことがあればやろうと決心すること。決心したことは必ずやりとげること。

5　**倹約**

有益でないことに金を使わないこと。つまり浪費をしないこと。

6　**勤勉**

時間をむだにしないこと。常に何か有益なことをして、むだな行動はすべて断つこと。

7　**誠実**

嘘をついて人を傷つけないこと。無邪気かつ公正に考え、話すときも同じようにすること。

8　**正義**

他人の名誉を傷つけたり、自分の義務を怠ったりと、不実な行いをしないこと。

9 節度

極端を避けること。腹を立てるに値するような侮辱を受けてもじっと耐えること。

10 清潔

身体、衣服、住居の不潔を許容しないこと。

11 平静

ささいなこと、よくある出来事、避けがたい出来事に取り乱さないこと。

12 純潔

性交は、健康あるいは子づくりのためにのみ行うこと。快楽に溺れて頭を鈍らせたり、健康を損なったり、自分と他人の平穏や信用を傷つけたりしないこと。

13 謙虚
イエスとソクラテスを見習うこと。

実行する徳目の順序

私はすべての徳目を習慣として身につけるつもりだった。だが、一度に全部やろうとすると注意が分散されると思い、まずはひとつの徳目に集中し、それを身につけたら次の徳目に移るという方法で、ひとつずつ順番に修得することにした。そして、徳をひとつ修得すれば次の徳を身につけるのが楽になると考え、13の徳目を先ほど挙げた順番に並べた。

第1の徳を「節制」にしたのは、節制を通じて、冷静かつ明晰な頭脳を手に入れられるからだ。そのような頭脳があれば、古い習慣に引っ張られても、さまざまな誘惑に襲われても、警戒心をもって対処できる。そして「節制」を身につければ、次の「沈黙」を修得するのがいくらか簡単になる。また私は、徳を身につける生活のなかで知識も得たいと考えていた。知識を身につけるには、舌よりも耳のほうがずっと役に立つ。

そこで、仲間内でのむだな話や、つまらないしゃれや冗談を言う習慣をやめようと思い立ち、「沈黙」を第2の徳目とした。これと次の徳目「規律」を守れば、自分の計画や勉強にあてる時間が増える。

そして第4の徳目「決断」は、ひとたび習慣として身につければ、その後は確固たる意思をもって徳を修得していける。「倹約」と「勤勉」をきちんと守れば、いつか残りの借金から解放されるだろうし、借金を返済して自分だけの力で生活していけるようになれば、「誠実」と「正義」をはじめ、残りの徳目も実行しやすくなる。

徳目はこうして実践する

私はピタゴラスの『金言集』の忠告に従い、自分の行動を毎日欠かさず精査することにした。私が用いたのは次のような方法だ。

まずは小さな手帳をつくり、ひとつのページにひとつの徳目を割り当てる。次に、各ページに赤インクで縦線を引いて7つの欄をつくり、それぞれの欄に曜日の頭文字を書き込む。それから、同じく赤インクで13本の横線を引き、行の初めに13の徳目の一文字を入れる。私は毎日、自分の行いを振り返り、徳目に反することをしたときは該当する箇所に黒点をつけた。

こうして私は、「1週間にひとつの徳目を厳格に守る」ことを何度も繰り返すことに決めた。最初の週は「節制」だけに気をつけ、この徳目に反することはぜったいにしないよう気をつける。だが、ほかの徳目にはとくに注意を払わず、**過失があったときはとりあえず黒点をつけておく。**1週間が経ったときに「節制」の行に黒点がついていなければ、「節制の習慣は強まり、その反対である享楽の習慣は弱まった」ということになる。そうなれば、次の1週間は「節制」と「沈黙」の2行に黒点をつけずにいられるかもしれない。

また、このやり方なら13週間で最後の徳目まで終えられる。つまり年に4回は同じことを繰り返せるのだ。**庭の草むしりをする人は、一度にすべての草をむしろうとはしない。自分の手に負える範囲を把握したうえで、1か所ずつ順番に作業を進めていく。私も同じように、1行ずつ順番に黒点をなくしていこうと決めた。**黒点が減っていくさまを見れば、徳が身についていくのを実感し、自信がつくだろう。そして最後には、どこにも黒点をつけることなく13週間を過ごせるかもしれない。そのときを迎

節制　飽きるまで食べないこと
酔うまで飲まないこと

	日	月	火	水	木	金	土
節							
沈	●	●		●		●	
規	●●	●	●		●	●	●
決			●			●	
倹		●			●		
勤			●				
誠							
正							
度							
清							
平							
純							
謙							

えるのが楽しみだった。

手帳には、題辞としてアディソンの『カトー』の一節を記した。

「この信念を守りつづけよう。もし私たちの上に神がおられるなら(そして万物が神のなしたことを高らかに告げるなら)神は徳を喜ばれるだろう。神が喜ばれることは、私にとっても幸いとなるだろう」

また、キケロの言葉も引用した。

「おお、人生の案内者である学問よ！　美徳を探究し、悪徳を駆逐する学問よ！　おまえの教えに従って有益に過ごす一日は、過失に満ちた永遠よりはるかに価値がある」

それに加えて、ソロモンの箴言《しんげん》から「知恵と徳」について述べられた言葉も引用しておいた。

「その右手には長寿があり、その左手には富と誉《ほまれ》がある。その道は楽しき道であり、その道筋はことごとく平穏である」（第3章16－17節）

さらに、神は知恵の泉だと考えられているので、知恵を得るために神の助けを求めるのは当然かつ必要なことだと私は考えた。そこで、次のような短い祈禱文をつくって表の頭に書き、毎日読み上げることにした。

「おお、全能なる神よ！　寛大なる父よ！　慈悲深き指導者よ！　真実を見出すわが知恵を増やしたまえ。その知恵が示すことを成し遂げんとする、わが決意を強めたまえ。汝の子どもたちに捧ぐ、わが心からの努めを受けたまえ。それこそが、汝の絶え間ない恵みに対して、私がなしうる唯一の報いなのだから」

ときどき、トムソンの詩から引用した短い祈禱文を使うこともあった。

「光と生命の父よ、汝、至高の神よ！
われに善きことを教えたまえ。みずから教えたまえ。

愚かしきこと、むなしきこと、悪しきこと、
すべての卑しき行為からわれを救いたまえ。
知恵、心の平安、清らかな徳をもって、
わが魂を満たしたまえ。
神聖にして実体のある、色あせぬ祝福をわれに与えたまえ」

第3の徳目「規律」には、「仕事は時間を決めてする」という戒律がある。

私は、平日の24時間の使い方を定め、手帳の1ページ

	問いかけ	時間	行うこと
朝	今日はどんな善行をなすべきか？	5 6 7	起床。洗顔。「全能なる神」への祈り。一日の仕事の計画を立て、その日の決意を固める。いま行っている作業をやりとげる。朝食。
		8 9 10 11	仕事
昼		12 1	読書、あるいは帳簿に目を通す。昼食。
		2 3 4 5	仕事
夕方	今日はどんな善行をしたか？	6 7 8 9	整理整頓。夕食。音楽、娯楽、雑談。一日の反省。
夜		10 11 12 1 2 3 4	睡眠

に右ページのような表を書き込んだ。

私はこの「自己分析計画」を実行に移し、ときどき中断しながらも、しばらくのあいだ続けた。いざ始めてみると、自分が思っていた以上に多くの過失を犯していることを知って驚いたが、時間とともに黒点は減っていった。自分に徳が身についていくさまを眺めるのは、なかなか気分がよかった。

私は、13の徳目を終えたら最初のページに戻って黒点を消し、もう一度そのページに新しい黒点をつけていった。おかげで手帳が穴だらけになるので、ときどき新しいものと交換しなければならなかった。

そこで、手間を省くために、別の方法を用いることにした。象牙の板を用意して、消えないように赤インクを使って線を引き、徳目の表と戒律を書き写したのだ。黒点は黒い鉛筆でつけ、濡らしたスポンジでこすったら簡単に消えるようにした。

とはいえ、しばらく経つと、私はこれを1年に1周しかしなくなった。やがて数年に1周するだけになり、海外でさまざまな仕事をするようになってからは完全にやめてしまった。だがそれでも、この手帳だけは肌身離さず持ち歩いた。

「徳目」を守り続けることの難しさ

最も大変だったのは、「規律」の徳目を守ることだった。自分の時間を自由に割り振りできる人、たとえば一人前の印刷工のような人だったらうまくこなせるのだろうが、経営者である私は、周囲の人との付き合いもあるし、いつ何時やってくるかわからない客の対応もしなければならない。つまり、時間を厳密に守るのは不可能に近かった。

また、紙やらなんやらをすべて決まった場所に置くという習慣もなかなか身につかなかった。子どものころからずっと、物を置く場所にこだわらなかったせいだ（人並み外れて記憶力がよかったので、何をどこに置いたかをすべて覚えていられたのだ）。そのため、「規律」の項目を守るのにはずいぶん苦労した。

何度も過失を犯しては自分に腹を立てたが、なかなか成長せず、むしろ前よりも規律を守れなくなっている気がすることも多々あった。「私には無理だ。誰にでも欠点はあるんだから、多少だらしなくても別にいいじゃないか」とあきらめかけたほどだ。

あきらめた男の話

ここで、ある「あきらめた男」の話をしよう。

その男は、私の家の近くの鍛冶屋で斧を買い、「この斧の刃全体を刃先と同じくらいぴかぴかに磨いてください」と頼んだ。

鍛冶職人は、「もしあんたが砥石の車輪を回してくれるなら、望みどおりぴかぴかに磨いてやろう」と答えた。

男は提案に応じたが、斧を砥石に押しつけた状態で車輪を回すのはなかなかの重労働だった。男は何度も手を止め、斧の光り具合を確かめたが、やがてあきらめてこう言った。

「よし、もうじゅうぶんです。このまま持って帰っていいですか?」

だが、鍛冶職人は首を横に振った。

「おいおい、もっとがんばりな。これじゃ中途半端だ」

すると、男は答えた。

「たしかに完璧じゃありませんが……これくらいの磨き具合がちょうどいい気がして

きたんです」

世の中には、この男と同じような人が大勢いるのではないだろうか。たいていの人は、徳を身につけるために計画を立てたりはしない。よい習慣を身につけ、悪い習慣を断ち切ろうと思い立っても、その道のりの険しさを知ると簡単にあきらめ、「これくらいの磨き具合がちょうどいい」という結論を出してしまうのだ。私自身、懸命に努力を重ねるなかで、ときどきこんなふうに考えた。

「私はいま、道徳を意識しすぎてばかげた努力をしているのだろうか？」
「他人から見たら滑稽ではないだろうか？」
「完全無欠な人間になったところで、周囲から妬まれたり憎まれたりするのがおちではないか？」
「そもそも、本当に『徳のある人間』なら、友人の顔を立てるためにも、多少は自分の欠点を残しておくべきではないのか？」

正直、自分が性格的に「規律」を守れないことは昔からよくわかっていた。歳をとって記憶力がおとろえてからは、なおさら自分のだらしなさを痛感するばかりだ。だが、若き日の私がしたことはけっしてむだではない。たしかに、「道徳的に完璧な人間になる」という当初の目標は達成できなかったが（もっといえば、その目標に近づくことさえできなかったが）、懸命に努力したおかげで、人として多少は成長したし、多少の幸せをつかむこともできた。

これは、印刷された文字を手本にして完璧な文字を書こうとする試みに似ている。**きれいに、ていねいに書く努力を続ければ、手本と同じ域には達せなくても、そこそこ読める文字が書けるようになるのだ。**

13の徳目を守るささやかな工夫

私はいま、数え年で79歳になる。この歳まで幸福でいられたのは、神の御恵みがあっただけでなく、こうしたささやかな工夫を重ねてきたからだ。私の子孫たちには、ぜひそのことを覚えておいてほしい。

この先の人生で、私がどんな不幸に見舞われるかは神にしかわからない。だが、たとえ何が起きたとしても、過去に味わった幸福を思い出せば、目の前の不幸を受け入れ、じっと耐えることができるだろう。私が長いあいだ健康を保ち、いまなお元気に過ごせているのは「節制」を守ったからだ。若くして安定した生活を送り、財を成し、さまざまな知識を身につけて周囲の尊敬を集め、知識人のあいだでそれなりに名を知られる人間になれたのは「勤勉」と「倹約」のおかげだし、国民の信頼を得て名誉ある仕事を任されたのは「誠実」と「正義」のおかげだ。

また、私はいつも落ち着きを失わず、親しみやすい態度を崩さなかったので、いまでも多くの人（とくに若者）から好意を寄せられる。これはひとえに、不完全ながらも13の徳を身につけたからだ。だから、私の子孫たちにも同じことをしてほしいと思う。そうすれば、私と同じ幸福を手に入れられるはずだ。

すでに気づいた人も多いだろうが、私の計画は宗教的なものではない。宗教とはまったく関係がないとまではいえないものの、特定の宗派の教義を取り入れたりはしていない。そういう宗教的な要素を意図的に避けたからだ。

私は最初から、自分が考えた方法は非常に効果的で、あらゆる宗派の人に役立つと信じていたし、いつかは本にして世に出そうと考えていた。そのため、どこかの宗派の反感を買う可能性をできるだけ排除したかったのだ。

出版するにあたっては、13の徳のそれぞれに簡単な注釈をつけ、その徳を身につけた人がどんな利益を得て、反対に悪徳を身につけた人がどんな災難に遭うかを説明するつもりだった。

また、題名は「徳に至る道」として、徳を身につけるための具体的な方法を記そうと決めていた。具体的なことを何も書かずに「いい人間であれ」と勧めるだけの本では意味がない。それでは『ヤコブの手紙』に出てくるあの口先だけの男と同じだ。着るものも食べるものもない人に、どこでどうやって着るものと食べるものを手に入れればいいかを教えず、「暖まって食べ飽きなさい」とだけ言ったところで、なんの役にも立たないのだ。

しかし、「それぞれの徳目に注釈をつけて本にする」という私の考えは、残念ながら立ち消えになった。そのころの私は、本に載せるために、自分の考えや推論などをときどき書きとめていたのだが、それらの一部はいまでも手元に残っている。結局、若いときには個人的な仕事に追われ、歳をとってからは公共の仕事に追われていたために、本を出すという計画は先延ばしになるばかりだった。

実をいうと、私はこの出版を「ある壮大な計画」の一部にしようともくろんでいた。ひとりの人間が一生かけて取り組まなければ実現できないような計画だ。だが、予想もしていなかった仕事が次々と舞い込んできて、なかなか時間を取れなかったせいで、いまだにその計画には手をつけられずにいる。

その本を通じて読者に伝えたかったのは次のようなことだ。

「人間の本質だけに目を向けると、悪い行いというものは、禁じられているから有害なのではなく、有害だから禁じられているとわかる。そのため徳を積むことは、来世で幸せになりたい人はもちろん、現世で幸福を手にしたい人にも大きな利益をもたらすのだ」

また、裕福な商人も、貴族も、ひいては国家でさえも、誠実に働いてくれる人材を常に求めているが、本当に誠実な人間はほとんどいない。だから若い人たちに、**「貧しい人間が社会で成功を収めるには、正直かつ誠実でいることが何よりも大事だ」**とわかってもらいたかった。

書き加えられた「謙虚」

実は、私がつくった表には、最初は12の徳目しか書かれていなかった。しかしあるとき、クエーカー教徒の友人がこんな忠告をしてくれた。

「なあ、きみは周囲から高慢な人間だと思われてるよ。ぼく自身、きみと話をしてるとそう思うことがある。たとえば、議論になったとき、きみは『自分が正しい』と認めさせるだけじゃ満足しないで、相手をこてんぱんにやりこめようとするだろう？　なんというか……ちょっと思い上がってるように見えるんだ」

そして、その友人はいくつかの例をあげてくれた。もっともな意見だったので、私は自分の高慢さ（そしてそれに関連するあらゆる悪徳）を直そうと決意して、徳目の表に「謙虚」という項目を書き加えた。

「謙虚」の徳目には幅広い意味をもたせた。この徳を完全に自分のものにしたと言い切るつもりはないが、少なくともある程度までは身につけられたと思っている。「謙虚」の項目を加えてから、私は他人の意見に真っ向から反論したり、自分の意見を相手に押しつけたりするのをやめた。

また、〈ジャントー〉の古い規則に従い、「確実に」とか「疑いもなく」といった断定的な言葉は使わず、**「私はこう思う」「こういう気がする」「いまの自分にはこうだと考えられる」といった言葉を用いるようにした。**

それまでは、明らかに間違いだと思える意見を他人が口にしたときは、その意見を頭から否定したり、相手の矛盾を指摘したりするのを楽しんでいたが、そういうこともしなくなった。代わりに、**「きみの考えが必ずしも間違っているわけではないが、この場合は少し違うように思う」**などと言うようにした。

この習慣の効果はすぐに現れた。**言い方を変えたとたん、人との会話がずっと気持ちのいいものになったのだ。**謙虚な態度を崩さないよう気をつければ、こちらの意見が相手に受け入れられやすくなる。

また、自分の意見が間違っていてもあまり恥をかかずにすむし、反対に自分が正しいときは、相手を説得してこちらの意見に同意させるのが簡単になる。

もちろん、自分の生来の性格を矯正するのは簡単ではなかった。だが、ぎこちないながらも謙虚な態度で過ごすうちに、いつしかそれがあたりまえになり、やがて完全に自分のものになった。この50年間、私が独断的な物言いをするのを耳にした人はいないはずだ。

この習慣は私の人生において非常に役立った。制度の新設や改革を図ったときに、多くの市民が早い段階から私の意見を支持してくれたのも、公式な会議の議員になってかなりの勢力をふるえたのも、この習慣を守ったおかげだと思っている(ただし、いちばんの理由は、私が世間から「誠実な人間」だと思われていたことだろう)。

私は昔から口下手で、言葉を選ぶのに時間がかかり、言い間違いも多かったが、それでも私の意見が通らないことはほとんどなかった。

自尊心に流されない

とはいえ、私たちが生まれながらにもっている感情のなかで最も強力なのは自尊心《プライド》だ。必死に隠しても、取っ組み合っても、殴りつけても、息ができないように締め上げても、身動きがとれないように押さえつけても、この感情はけっして力尽きず、ときどき頭をもたげて姿を現す。

この本を読む人は、折に触れて私のプライドの片鱗を垣間見ることになるだろう。

私は自分のプライドに打ち勝ったと言い切ることができるかもしれない。だがそれは、逆に言えば、私が自分の「謙虚さ」にプライドをもっているのと同じなのだ。

(ここまでは1784年にパッシーで書かれた)

※著者による欄外の書き込み

1788年8月、フィラデルフィアにてふたたび筆をとる。参考にしようと思っていたメモの多くは戦争中になくしてしまったが、幸いにも次のものが残っていた。

私の「ある壮大な計画」

私が「ある壮大な計画」を構想していたことは前にも述べた。この計画を思いついたときに書いたメモがたまたま見つかったので、ここではその計画がどのようなものだったかを簡単に説明したい。私のメモには次のようなことが書いてある。

1731年5月19日、図書館で歴史に関する本を読んで思ったこと。
・戦争や革命といった大きな出来事は、同じ目的をもつ集団によって始められ、遂行される。
・集団が掲げる目的は、その時点において集団にとって有益なこと、あるいは集団に属する人々が有益だと見なしていることである。
・異なる目的をもつ複数の集団が存在すると、さまざまな混乱が生じることになる。
・集団で一丸となって計画を遂行しているときでも、集団に属する人はそれぞれ個人的な利益を追求している。
・集団全体として目的を達成すると、個人はみずからの利益を獲得しようとして互いの邪魔をしはじめる。結果的に、集団内に不和と混乱がもたらされる。
・公務にたずさわる人はよく、「自分は国家の利益を第一に考えている」と口にするが、実際にはそんな人はほとんどいない。たしかに、個人の行動が国家の利益につながる場合はある。しかし、その人がそのような行動をとったのは、自分の利益と国家の利益が一致すると考えたからであって、慈善の精神からではない。
・人類全体の利益のために行動する人となると、数はもっと少なくなる。
・いまこそ、世界各国から徳を備えた善良な人間を集め、「美徳連盟」のような公式な団体を組織する必要があるのではないだろうか。賢明かつすぐれた規則を定めてその団体を統制すれば、徳と知性を備えた人々なら、進んでその規則に従うだろう。一般の人にとっての慣習法以上に効力があるはずだ。

・じゅうぶんな資質を備え、適切な方法でこの計画を推し進める人は、きっと神の御心にかない、成功を収めると私は信じている。

B・F

私は、いつか時間ができたらこの計画に着手しようと決意して、何かアイデアが浮かぶたびに紙に書きとめた。そのときのメモはもう残っていないが、1枚だけ、当時の私が考えた信条の要点を記したものが見つかった。あらゆる宗教の本質的な要素を含み、どんな宗派の信者であっても反発を覚えない内容だと個人的には思っている。次のようなものだ。

・この世には、万物の創造者である唯一の神が存在する。
・神はその摂理に従って世界を治める。
・神は畏敬の念と祈禱と感謝とをもって崇拝されるべき存在である。

・ただし、神がもっとも喜ぶ奉仕は、他者に善を施すことである。
・霊魂は不滅である。
・神は、現世あるいは来世において、必ず徳に報いて罪を罰する。

また、私が考えていた規則は次のようなものだ。

この団体は、最初は若い独身男性だけで始め、彼らのあいだにだけ広めていかなければならない。この団体に加わった人は、この教義に同意することを宣言し、13週にわたって例の「徳に関する自己分析」をしなければならない。団体にふさわしくない人が入会を希望するのを避けるために、一定の規模に達するまでは、この団体の存在を口外してはならない。

ただし各会員は、知り合いに正直で人柄のいい若者がいれば、慎重に見定めたうえでこの計画のことを少しずつ教えるようにする。すべての会員は、ほかの会員の利益や事業や成長に貢献するために、忠告、援助、支持を互いに与え合うことを誓わなければならない。ほかと区別するために、団体の名称は「自由気ままな人々の会」とする。

「自由《フリー》」という言葉を使ったのは理由がある。まず、13の徳を習慣にすることで、悪癖の支配から完全に解放される。さらに、「勤勉」と「倹約」に気をつければ、私たちを束縛して債権者の奴隷にしてしまう「借金」からも逃れられるのだ。

ひとりでも偉大なことは成し遂げられる

「ある壮大な計画」に関して思い出せるのはこれくらいだが、もうひとつ、この計画の一部をふたりの青年に話したこともよく覚えている。ふたりとも「ぜひ自分も加わりたい」と言ってくれた。しかし、当時の私には金銭的な余裕がなく、とにかく仕事をこなさなければならなかったので、その計画を先に進めるのはむずかしかった。

生活が落ち着いてからも、公私ともにさまざまな用事に追われ、計画は何度も延期され、そのまま現在に至った。いまではもう、このような試みに取り組むほどの体力も気力も残っていないが、この計画が実現可能であることと、多くの善良な市民がつくられる点で非常に有益なものだという確信は失っていない。

また、**途方もなく大きな計画だが、私は一度たりとも「自分には無理だ」とは思わなかった。それなりの才能をもつ人間なら、自分ひとりの力で偉大なことを成し遂**

げ、人類に大きな変革をもたらすことも不可能ではない。すぐれた計画を立て、娯楽やほかのことをすべて頭から追いやり、自分の計画を実現することだけを唯一の仕事(あるいは研究)にできれば、ということだが。

第10章 『貧しいリチャードの暦』とその他の活躍

1732年、私はリチャード・ソーンダーズという名前で初めての暦を出版した。『貧しいリチャードの暦』の名で知られる私の暦は、その後25年にわたって出版されつづけた。おもしろくて役立つものにしようと工夫を凝らしたおかげで、人気はどんどん高まっていき、年に1万部近くも売れるようになり、かなりの利益を上げた。あるとき、ペンシルベニアのあらゆる町や村でこの暦が読まれているのを知り、私のなかにある考えが浮かんだ。

「ふだんは本を買わない一般の人々も、暦だったら手にとってくれる。ならば、暦を通じて彼らに教訓を与えられるのではないか？」

そこで、暦の日にちと日にちのあいだにある小さな余白を、ことわざのような文章で埋めてみた。おもに『勤勉』と『倹約』を守れば、富が得られるだけでなく徳も身につく」と説いたものだ。貧乏な人ほど誠実に生きるのがむずかしい。私はその事実を「空っぽの袋はまっすぐに立ちにくい」といった短い言葉で表したのだ。

暦の売り上げが伸びる

私は世界中で古くから知られていることわざを集め、「博識な老人が競売場に集まった人々の前で演説をする」という形式の物語にまとめて、1757年版の暦の巻頭に掲載した。

ばらばらだったことわざにひとつの大きなテーマを与えたことで、読者は以前よりも感銘を受けるようになった。私が書いた物語は大きな反響を呼び、アメリカ中のあらゆる新聞に転載され、イギリスでも大判の紙に印刷されて多くの家に貼り出された。フランスでは2通りの翻訳が出版され、牧師や地主が何冊も買って貧しい教区民や借地人に無料で配った。

実は、この暦が出版されてからの数年間、ペンシルベニアに流通する貨幣の量が劇的に増えたのだが、一部の人は私の暦の影響だと考えていた。私が暦のなかで「外国の贅沢品にむだなお金を使うのは愚かなことだ」と書いたからだ。

私が発行している新聞も、人々に教訓を与えるよい手段だった。そのため、『スペクテーター』紙に掲載された記事や、道徳家たちが書いた文章の一部を載せたり、ときどき自分で書いた短い文章を掲載したりした（もともと〈ジャントー〉で発表するために用意したものだった）。

私の書いたもののなかには、ソクラテスの手法を用いて「どんなに才能があろうと、徳がなければ真に分別のある人間とは言えない」と証明しようとしたものや、「徳というものは、それが無意識の習慣となり、それに反する悪癖が完全になくなるまでは身についたとは言えない」と書いた「自制」に関する論説もあった。どちらもたしか、1735年の初めごろに掲載したものだ。

誹謗中傷は新聞に載せない

新聞を発行するにあたっては、人の悪口を書いた記事はぜったいに載せないよう気をつけた。あちこちで飛び交う誹謗中傷は、いまやこの国の「恥」だと言ってもいい。そういう記事を載せてほしいと頼む人は、出版の自由を主張したり、「新聞なんて駅馬車と同じだ、料金さえ払えば誰にでも乗る権利がある」などと言ったりするが、私はそのたびにこう答えるようにした。

「そこまでおっしゃるなら、新聞とは別に、その文章だけを印刷させていただきます。好きなだけ持っていって、ご自分でお配りになったらどうですか。私は、あなたの悪口を世間に広めるようなまねはしたくないんです。私の役目は、おもしろくて役に立つ記事を読者に届けることです。読者に関係ない個人的な口論でページを埋めるわけにはいかないんですよ。そんなことをしたら、読者を裏切るも同然ですから」

最近は、多くの印刷業者が、人格者として知られる人の誹謗中傷記事を新聞に載せ、依頼主が個人的な恨みを晴らすのを手伝い、両者の敵意をあおり、決闘騒ぎまで引き起こしている。しかしそうした印刷業者は、反省するどころか、軽率にも近隣の植民地政府や友好関係にある同盟国の行為にまで非難の言葉を浴びせ、そのためにやっかいなトラブルを招いている始末だ。

私がこの話をしたのは、若い印刷業者たちに警告しておきたいからだ。くれぐれも、こうした恥ずべき行為に手を染めて出版物の名を落としたり、自分たちの仕事を辱めたりしないでほしい。いまの私を見れば、かつて私がとった経営方針が間違っていなかったことがわかるだろう。

会計の知識は大事

1733年、私は雇っていた印刷工のひとりをサウスカロライナのチャールストンに送った。当時のチャールストンには印刷所がなかったので、支店を出すには理想的だった。私はその印刷工と共同経営の契約を交わし、彼のために印刷機と活字を用意した。

契約の条件は、「私が経費の3分の1を出し、利益の3分の1を受け取る」というものだった。その印刷工は、教養があって正直な男だったが、会計のことをまったくわかっていなかった。ときどき送金だけはしてきたものの、決算書が届いたことは一度もなく、きちんとした営業報告も送られてこなかった。

やがて彼が亡くなると、奥さんが代わりに商売を続けることになった。その奥さんは、生まれも育ちもオランダだった。あとで知ったことだが、オランダの女性は教育の一環として会計を学ぶという。彼女は過去の取引について調べ、わかるかぎりの情報を記載して報告書を作成してくれた。その後も四半期ごとに会計報告をしてくれたのだが、内容は非常にしっかりしていて、しかも正確だった。彼女のおかげで商売は繁盛し、彼女の子どもたちも立派に育った。共同経営の契約期限が切れると、彼女は私から印刷所を買い取って息子に与えた。

彼女について話したのには理由がある。この国の若い女性が未亡人になった場合、音楽やダンスより役に立つのは会計の知識だ。女性たち自身のためにも、その子どものためにも、会計を勉強することを勧めておきたい。

会計の知識があれば、悪知恵の働く男に金をだまし取られることもないし、息子が一人前になってあとを継ぐまでは、すでに関係ができている取引先を相手に商売を続けていける。一家はその後もじゅうぶんな収入を得られるだろう。

説教にたけた若い牧師の敗北

1734年ごろ、ヘンプヒルという名の長老教会派の若い牧師がアイルランドからこの町にやってきた。声がよく、説教も立派だったので（しかも即興の説教だった）、ほかの宗派の人たちまでもが彼の話に熱心に耳を傾け、そのすばらしさをほめたたえた。私もしょっちゅう彼の話を聞きに行った。彼は一方的に教義を押しつけたりはせず、美徳（宗教的にいえば「善根を積む」こと）について説いた。私は彼の説教が好きだった。

ところが、聴衆のなかにいた長老教会の正統派を自称する人たちは、説教の内容に異論を唱えた。高齢の牧師たちの多くもそれに続き、ヘンプヒルの説教をやめさせようという動きが起こった。そしてヘンプヒルは、長老教会派の集会で「異端」だと糾弾されるはめになった。

私は彼の熱心な支持者となり、必死になって味方を集め、彼のために闘った。最初はこちらに分があるように思っていたのだが、やがて賛否両方の意見が飛び交いはじめた。ヘンプヒルは説教こそすばらしかったが、文章はうまくなかったので、私は彼の代わりに何冊かのパンフレットを書き、1735年4月の『ペンシルベニア・ガゼット』紙（私が発行していた新聞）にも一編の論説を載せた。

それらのパンフレットは、ほかの多くの論争に関する文章と同じように、当時は熱心に読まれたものの、まもなく人々から忘れられた。いまでは1冊も残っていないかもしれない。

支持派と反対派の闘いはしばらく続いたが、ある出来事がきっかけとなり、ヘンプヒルはきわめて不利な立場に追い込まれた。彼の説教を聞いた反対派の男が、その説教をどこかで読んだ覚えがあると思い出したのだ。男が調べたところ、ヘンプヒルの説教の一部は、イギリスの評論誌に掲載されたフォスター博士の講演の一部とまったく同じだった。

この事実が発覚したことで、多くの支持者が失望し、ヘンプヒルに協力するのをやめてしまった。もはや支持派の負けは目に見えていたが、それでも私はヘンプヒルの味方でありつづけた。ふつうの牧師が自分で考えたつまらない説教よりも、他人の話を拝借した立派な説教のほうが私にとってはありがたかったからだ。

のちにヘンプヒルは、自分の説教のなかに自分で考えたものはひとつもない、と私に打ち明けた。彼は記憶力が抜群によく、どんな説教でも一度読んだだけで暗記してしまうという。私たちの敗北が決定すると、ヘンプヒルはよりよい運命を求めてよその町に移っていった。彼が去ったあと、私は長老教会派の集会に出るのをやめた。牧師たちへの寄付だけは続けたものの、出席することは二度となかった。

外国語はいかにして勉強するか？

1733年、私は外国語の勉強を始めた。最初はフランス語を習得し、フランスの本を難なく読めるようになった。次に勉強したのはイタリア語だった。ちょうどそのころ、同じようにイタリア語を学んでいる知人がいたのだが、その男は暇さえあれば私をチェスに誘ってきた。チェスのせいで勉強する時間がとれないのは困るので、私は彼にこんな提案をした。

「ひと勝負ごとに、勝ったほうが負けたほうに宿題を出せるというのはどうだろう？内容は文法の暗記でも翻訳でもなんでもいい。ただし負けたほうは、次に会うときまでに、名誉にかけてその宿題をやってこなくちゃならない。もしこの提案を受け入れてもらえないなら、悪いけどもうチェスはやらない」

彼はこの提案に賛成してくれた。私たちのチェスの腕はだいたい互角だったので、互いに相手を負かしては宿題を出し合い、イタリア語を身につけていった。のちに私はスペイン語の勉強も始め、本を読める程度には習得できた。

前にも書いたが、私はラテン語学校には1年しか通っていない。しかも、学校をやめて以来、ラテン語に触れる機会がまったくなかったので、ほとんど覚えていなかった。

だが、フランス語とイタリア語とスペイン語を覚えてからラテン語の聖書を開いてみると、思っていたよりも簡単に理解できた。

私は驚くと同時に勇気づけられ、あらためてラテン語を勉強してみようと思い立った。結果的に、先に覚えた3つの外国語のおかげで、ラテン語もすんなり覚えられた。

こうした経験から、私はこの国の語学学習のシステムには矛盾があると思うようになった。私たちは、「最初はラテン語を学ぶべきだ。そうすればラテン語から派生した近代語を覚えるのが楽になる」と学校で教わる。

たしかに、壁をよじ登って頂上に到達してしまえば、そのあと階段を使って下に降りるのは簡単かもしれないが、壁をよじ登る労力を考えると、最初から階段を1段ずつ上ったほうが楽ではないだろうか。若者の教育を監督している人たちには、いま一度、語学の学習について考え直してもらいたい。

ラテン語の勉強から始めた人の大半は、数年以内に挫折してしまう。せっかく勉強したにもかかわらず、中途半端なラテン語の知識しか身につかず、そのほとんどが日常生活では役に立たない。これでは時間をどぶに捨てたようなものだ。

だが、最初にフランス語、次にイタリア語、というふうに学べば、途中で勉強をやめてラテン語までたどり着けなかったとしても、日常で使われている外国語をひとつかふたつ習得できる。私としては、そのほうがずっと有意義ではないかと思う。

兄ジェームズとの別れ

気づけば、ボストンを出てから10年の月日が流れていた。忙しさにかまけて一度も帰省できずにいたが、ようやく生活が楽になってきたので、私は家族に会うためにボストンを旅行することに決めた。その帰り道、私はニューポートに立ち寄って兄のジェームズのもとを訪ねた。ジェームズは当時、その地で印刷所を経営していた。私たちは、昔の喧嘩のことなど水に流し、再会を心から喜び合った。ジェームズはずいぶん身体が弱っていて、自分がもう長くないことを自覚していた。

「おれが死んだら、息子を引き取って印刷工の仕事を仕込んでやってくれないか」と兄は私に頼んだ。兄の息子はまだ10歳になったばかりだった。のちに私は、ジェームズに頼まれたとおりその子を引き取り、数年間学校に通わせてから印刷所で働かせた。ジェームズの妻は、息子が一人前になるまでニューポートで商売を続けた。

その子が一人前になってニューポートに戻ったとき、ジェームズが使っていた活字はすっかりすり減っていたので、私は新しい活字をひとそろい買ってあげた。

こうして私は、かつて見習い修業の途中で兄のもとを飛び出し、多大な迷惑をかけたことの償いができたのだ。

予防接種を受けさせず息子を失う

1736年、私は息子を亡くした。4歳になるかわいい子だったが、天然痘に感染して亡くなったのだ。しばらくは立ち直れなかったし、その子に種痘［天然痘の予防接種］をしなかったことをいまでも悔やんでいる。だからここで、種痘の副反応を怖がり、わが子に種痘をするのをためらっている人に、ひとこと言わせてほしい。

私の経験からもわかるように、種痘をしたせいで子どもを失っても、種痘をしなかったせいで子どもを失っても、親は途方もない後悔にさいなまれる。それならせめて、少しでも助かる可能性が高いほうを選ぶべきではないだろうか。

〈ジャントー〉は秘密裡に新しいクラブを拡大

私たちのクラブ〈ジャントー〉は実に有益な集まりだった。会員はみなクラブの環境に満足していて、友人も仲間に加えたいと言う者も少なくなかった。だが私たちは、〈ジャントー〉結成時に、会員の数は12人にしようと決めていた。

また、このクラブのことを口外してはならないという取り決めもあり、それまで全員がその決まりを守ってきた。クラブの存在が公になれば、ふさわしくない人が入会したいと言い出すだろうし、入会を断りたくても断れない場合もあるかもしれない。

私は会員の人数を増やすことに反対し、代わりに文書で次のような提案をした。

「会員はそれぞれ、〈ジャントー〉に従属する新しいクラブを創設すること。新クラブにおいては、議題の提出のしかたをはじめ、各規則を〈ジャントー〉と同じものにすること。ただし、新クラブと〈ジャントー〉とのつながりは明かさないこと」

この案が実現すれば、新しいクラブを通じてより多くの若者が教養を身につけられる。それに、〈ジャントー〉の会員は、自分が関心をもっている問題を新しいクラブに提出し、そこで交わされた議論の結果を〈ジャントー〉で報告することで、世間の人たちの生の声を集められる。さらに、会員は顔が広くなるので、それぞれの仕事の利益にもつながるだろうし、新しいクラブを通じて〈ジャントー〉の意見を世間に広めることもできる。〈ジャントー〉の意見が広まれば、公共の問題における私たちの影響力は強まり、世の中をよりよい方向に進めていけるだろう。

この提案は満場一致で採用され、各々が自分のクラブの創設に着手しはじめた。だが、全員がうまくやれたわけではなかった。結局、クラブとして成立したのは5つか6つだけで、それらのクラブには〈ヴァイン〉〈ユニオン〉〈バンド〉といった独自の名前がつけられた。

これらのクラブは非常に役に立った。創設した会員だけでなく、ほかの会員にもさまざまな情報や教訓を与えたうえ、私たちのもくろみどおり世論に影響を及ぼしたことも何度かあった。それについては、あとで詳しく話すことになるだろう。

敵意は敵意で返さない

1736年、私は出世の第一歩を踏み出した。その年の選挙で、植民地議会の書記に選ばれたのだ。私の就任に反対する者はひとりもいなかった。しかし翌年、ふたたび私が候補者に挙げられると（書記も議員と同じく1年ごとに選ばれる）、新議員のひとりが別の候補者を支持すると表明し、私の就任に反対する長い演説を行った。結局、その年も私が選ばれたが、手放しに喜ぶことはできなかった。

書記の地位は非常にありがたいものだ。書記としての報酬が支払われるのはもちろん、議員たちとの関係を築き、議事録や法令、紙幣、それにさまざまな公的書類を印刷する仕事をまわしてもらえるからだ。

そういう理由もあって、私は新議員の反対を受けたことが気に入らなかった。その人は財産も教養もある紳士で、議員としての才能にも恵まれていたので、いずれ植民地議会で大きな権力を握るだろうと思われた（実際そのとおりになった）。しかし私は、媚《こび》を売って彼に取り入るつもりは微塵もなかった。そこで、その議員の反対演説からしばらく時間を置いて、次のような方法で近づくことにした。まずは彼に宛ててこんな手紙を書く。

「あなたの蔵書に、とてもめずらしいある本があると耳にしました。ぜひ読んでみたいのですが、何日かお貸しいただくことはできませんか」

この手紙を出すと、彼はすぐに本を送ってくれた。1週間ほど経ってから、私は丁重なお礼の手紙を添えてその本を返した。次に議会で顔を合わせたとき、彼はそれまでとは打って変わって、自分のほうから礼儀正しく話しかけてきた。その後も何度となく私によくしてくれたので、気づけば私たちは仲良くなっていた。この関係は彼が亡くなるまで続いた。私が覚えている古いことわざにこんなものがある。

「一度親切にしてくれた人は、その後もまた親切にしてくれる。しかし、こちらから親切にしても、相手が親切を返してくれるとは限らない」

私の経験は、このことわざが正しいことを証明するひとつの例ではないだろうか。

それから、この経験の教訓はもうひとつある。

「誰かが自分に敵意をもっているときは、腹を立てたり、反撃したり、同じように敵意を向けたりするよりも、相手の敵意を取り除く方法を考えるほうがずっと有益だ」

ということだ。

植民地議会の書記に続いて郵便局長となる

1737年、バージニアの前知事であり、知事時代には郵政長官も務めていたスポッツウッド大佐から、フィラデルフィアの郵便局長の任に就くよう命じられた。これまで大佐の代理として郵便局長を務めていたブラッドフォード氏は、会計報告書の提出を怠ったり、不正確なものを提出したりすることがあったので、大佐はとうとう彼を解任することを決め、後任として私を選んだようだ。

私は喜んで引き受けた。やがて、この仕事も実にありがたいものだとわかった。給料こそ少なかったが、通信が便利になり、新聞がずっといいものになったからだ。おかげで部数も伸び、掲載広告も増えて、かなりの利益を上げることができた。

一方、商売敵であるブラッドフォード氏の新聞はどんどん売れなくなった。彼はかつて、配達の騎手に私の新聞を配達させないという卑怯な手を使ったが、私はその復讐をするつもりはなかった。結局この男は、会計報告を怠ったことで罰を受け、手痛い損害を被ったのだ。このことは、他人に雇われて事務仕事をしている若者への教訓になるだろう。

会計報告や送金は、できるかぎり正確に、そして几帳面にやらなければならない。こういうことをきちんとできるという評判は、新しい仕事に就いたり、事業を拡大したりするときに、何よりも強力な推薦状になるはずだ。

第11章

公共事業への関心

私は、公共事業に少しずつ関心を寄せるようになった。だが、最初から大きなことに取り組んだわけではない。

最初に着手したのは市の夜警に規制を定めることだった。もともと、夜警は管轄区の警官が交代で行うもので、担当の警官は近隣の家の世帯主を何人か集めて自分と一緒にこの任務にあたらせた。世帯主のなかには、警官に年6シリングのお金を納めて夜警を免除してもらう者もいた。そのお金は代理人を雇うために使われることになっていたが、実際はもっと安くすむので、余った金は警官の懐に収まった。

しかも警官たちは、よく近所のごろつきを集めて、わずかばかりの飲み代と引き換えにこの仕事をさせていた。当然、まっとうな住民はそういう人たちと一緒に働くのを嫌がったし、当のごろつきたちはまじめに仕事をこなしたりはせず、毎晩のように巡回をさぼって酒を飲んでいた。

あるとき、私は〈ジャントー〉でこうした現状を指摘し、警官に払うお金が一律6シリングなのは不公平だと主張した。世帯主のなかには、全財産が50ポンドに満たないような貧しい未亡人もいれば、数千ポンドの財産を倉庫に貯め込んでいる裕福な商人もいるからだ。

新しい夜警制度の提案

私は、もっと効果的な新しい夜警制度を提案した。それまでのように警官が交代で夜警にあたるのではなく、夜警専門の人材を雇い、その費用を住民に負担してもらうというものだ。

さらに、不公平にならないように、住民から徴収する金額はその人の資産に応じて決めることにした。〈ジャントー〉の会員たちもこの案に賛成してくれたので、「〈ジャントー〉に従属するクラブで発表された案」ということにして、ほかのクラブにも伝えた。この計画はすぐに実行に移されたわけではなかったが、住民の気持ちは改革のほうに傾いていった。結果的に、数年後に〈ジャントー〉の影響力が強まると、この案はすぐに正式な法律として成立した。

火災組合の創設

その時期、私は火災にも関心をもっていた。あるとき、火災の原因となる事故や不注意、それから火災が起きたときの対処法や予防策について、自分の考えを論文にまとめた（最初は〈ジャントー〉で発表するために書いたが、のちに一般に公開された）。

私の論文は大きな反響を呼び、たちまち組合をつくろうという話がもち上がった。組合があれば、火災があったときにすぐに消火に駆けつけられるし、たとえ火を消せなくても、みんなで協力して家具や財産を安全なところに運び出せる。結果的に、この計画には30人もの住民が参加を希望した。組合の規約には次のようなことが書かれていた。

「すべての組合員は、荷物を詰めて運ぶための丈夫な袋とかご、それから決められた数の革製のバケツを用意し、いつどこで火災が起きてもすぐに使えるように管理しておくこと」

また、月に1度は夜の集会を開き、火災が起きた場合にどういう行動をとるべきかについて意見を交換することにした。

そのうち、この組合が非常に役に立つことが明らかになり、何人もの加入希望者が私たちのもとにやってきた。だが、さすがにひとつの組合には多すぎる人数だったので、私は新しい組合をつくることを彼らに勧めた。

ふたつめの組合ができると、その後もどんどん新しい組合がつくられていき、裕福な住民のほとんどがどこかの組合に所属するようになった。私が最初に組織した〈ユニオン消防組合〉は、設立から50年経ったいまでも活動を続けている。もっとも、初期の組合員は、私ともうひとり（私よりひとつ年上の男）を残して全員亡くなってしまったが。

どの組合も、毎月の集会を欠席した人に少額の罰金を科し、そのお金を消防ポンプやはしごや鳶口といった必要な道具の購入にあてた。

現在、「火災が起きたときに迅速な消火を行う」という観点でいえば、フィラデルフィアほど設備が充実している町は世界のどこにもないだろうと思う。実際、消防組合ができてから、この町では一度に2軒以上の家が焼失したことはなく、たいていの場合、火元の家が半分も焼けないうちに消火される。

集会場の建設

1739年、有名な巡回牧師のホイットフィールド師がアイルランドからこの町にやってきた。最初のうちは、ホイットフィールド師が説教をするのを許可した教会もあったが、まもなく牧師たちは彼に反感を抱き、説教壇を使わせるのを拒むようになった。

ホイットフィールド師は屋外で説教をせざるをえなかった。だがそれでも、宗派の異なる大勢の人たちが彼の説教を聞きに行った。ホイットフィールド師の説教には異様な力があった。

「あなたがたは生まれたときから、半分は獣で、もう半分は悪魔なのです」と説き、ひどい言葉で聴衆を罵倒しているにもかかわらず、聴衆のほうは感心し、彼の説教に魅了されていた。そんなようすを見て、私はいろいろと考えさせられた。そして驚いたことに、ホイットフィールド師が来てから、住民の態度にも変化が現れはじめた。それまで、この町の住民の大半は宗教のことに無関心だったが、いつしか夕方になるとどの家からも讃美歌が聞こえてくるようになったのだ。まるで、世界中のあらゆるものが信心深くなったかのようだった。

そのうち、誰かがこんな提案をした。

「屋外での集まりは、天候の影響を受けたりして何かと不便だ。いっそのこと集会場を建てるのはどうだろう？」

まもなく、寄付金を集める係が決められ、あっという間に目標の金額が集まった。私たちは土地を買い、奥行100フィート、間口が70フィートほどの、ウェストミンスター・ホールに匹敵する大きさの建物を建設した。工事は猛烈な勢いで進み、予想よりもずっと短い期間で終わった。

私たちは、土地と建物の権利は「管理委員」に帰属すると定め、「フィラデルフィアの住民に対して説教をしたい人がいれば、宗派に関係なく、誰でもこの建物を使っていい」ということにした。この建物は、特定の宗派のためではなく、この町のすべての住民のために建てられたものだ。だから、コンスタンチノープルのイスラム法学者《ムフティー》が伝道師を派遣してきたとしても、この説教壇を使えるというわけだ。

孤児院建設計画

やがて、ホイットフィールド師は私たちの町を去り、植民地から植民地へと渡り歩きながら説教を続け、最終的にジョージアにたどり着いた。ジョージアはほかの植民地とは違い、勤勉でたくましい農民が開拓した土地ではなく、破産した小売商や、借金で首が回らなくなった債務者たち（ほとんどが牢屋から出てきたばかりの人だった）が集まる場所だった。

誰も彼も生気がなく、土地を開拓する能力も根性ももち合わせておらず、開拓作業のなかで何人もの住民が命を落とした。その結果、身寄りのない子どもがたくさん残されたが、誰も面倒を見ようとはしなかった。

慈悲深いホイットフィールド師は、そうした現実に胸を痛め、その地に孤児院を建てることを決意した。

そこで、彼はふたたび北部の町をまわり、「哀れな子どもたちに教育を受けさせたい」と雄弁に語って多額の寄付を集めた。ホイットフィールド師の話には、聞いた者の心を動かし、財布のひもをゆるめさせる不思議な力があった。私も心を動かされたひとりだった。


私は「孤児院を建てる」というアイデアそのものには賛成だったが、冷静に考えると、ジョージアにはじゅうぶんな建築資材もなければ職人もいない。膨大な費用をかけて資材と人員を向こうに送るよりも、フィラデルフィアに孤児院を建てて、子どもたちをこちらに連れてきたほうがずっと合理的だ。ところが、私がそう伝えても、ホイットフィールド師は考えを変えようとしなかった。私は説得をあきらめ、彼に寄付するのをやめた。

それから少し経ったころ、私はたまたま彼の説教に出席することになった。彼の話が始まってすぐに、「ああ、この男はこれからまた寄付をつのるつもりだな」と気づいたが、何も言わずに説教を聞いた。ポケットの中には、ひと握りの銅貨と何枚かのスペインドル銀貨、それから5ピストールぶんの金貨が入っていたが、ぜったいに寄付などしないと心に決めていた。だが、彼の話を聞いているうちに決心が鈍りはじめた。

まず、「銅貨ぐらいなら寄付してもいいだろう」という気持ちになり、やがて銅貨だけでいいと思った自分が恥ずかしくなって銀貨も出すことに決めた。そして、説教の結びの部分がひときわすばらしかったために、最終的に金貨だけでなくポケットに入っていたすべてのものを献金皿にのせることになった。

実はその日、〈ジャントー〉の会員のひとりも同じ説教を聞いていた。彼もジョージアに孤児院を建てる計画に反対していて、ホイットフィールド師が寄付を集めはじめた場合に備え、ポケットの中には何も入れていなかった。しかし、説教が終わりに近づいたころには、彼もすっかり考えを変えていた。

そこで、近くに立っていた知人に「寄付をしたいのでお金を少し貸してくれませんか」と頼んだのだが、その人は説教が終わってもホイットフィールド師の考えに反対していた（おそらく、聴衆のなかで唯一の存在だろう）。その人はきっぱりと言った。「これがほかの場所だったら、いくらでもお貸ししますよ。でも、いまはだめです。

こんな計画のために寄付をしようだなんて、正気とは思えませんから」

ホイットフィールド師との関係

ホイットフィールド師をよく思っていない人のなかには、「あの男は集めた金を自分のものにするつもりだ」と主張する人もいたが、私は一度たりともそんな疑いは抱かなかった。私はホイットフィールド師の説教や日誌の印刷を任されていたので、彼とは個人的な付き合いがあった。だから、彼があらゆる面において誠実な人間だとわかっていたし、いまでもそう思っている。それに、私と彼との関係は宗教とは無縁のものだった。

このことも、私の証言が中立的だという証拠になるのではないだろうか。ホイットフィールド師は、私が改宗するように祈ったことが何度かあったようだが（その祈りが聞き届けられることはなかった）、私たちは互いへの敬意をけっして失わず、彼が亡くなるまで「ただの友人」でありつづけた。

私たちの関係がどんなものだったかがわかる例を紹介しよう。ホイットフィールド師は、イギリスからボストンに渡ってくることが多かった。だがあるとき、彼は私に

「これからフィラデルフィアに行くつもりです。しかし、いつも泊めてくれる古い友人のベネゼット氏がジャーマンタウンに引っ越してしまいました。どこか泊まれる場所を教えていただけないでしょうか」という手紙を書いてきた。私は彼に返事を出した。

「私の家をご存じでしたよね。たいしたおもてなしはできませんが、それでもよければ喜んでお泊めします」

すると、彼からはこんな返事が届いた。

「もしあなたが、キリストのためにこのような親切な申し出をしてくださったのであれば、必ずやよい報いを受けることでしょう」

私はまた返事を書いた。

「誤解しないでください。私があなたをお泊めするのはキリストのためではありません。あなたのためです」

私たちのことをよく知っている友人にこの話をすると、その友人は冗談まじりにこう言った。

「聖者は、人に親切にされるとその重荷を神様に肩代わりさせるものだ。だからきみは、自分の親切を地上につなぎとめておこうとしたんだな」

ホイットフィールド師に最後に会ったのはロンドンだった。彼はその日、孤児院のことと、孤児院の事業を発展させていずれ大学を建てるという目標について話してくれた。

ホイットフィールド師の説教

ホイットフィールド師は声が大きく、ひとつひとつの言葉をしっかりと発音したので、彼の説教は遠くまで届いた。聴衆の数がどれだけ多くても、彼の説教が聞き取れないことはなかった（聴衆がみな静かに耳を傾けていたのも理由ではあるが）。ある晩、ホイットフィールド師は、裁判所の玄関の階段の最上段に立って説教をした。裁判所はマーケット通りと2丁目通りが交わったところの西側にあり、両方の通りはずいぶん離れたところまで聴衆で埋まっていた。

私はマーケット通りの最後尾あたりにいたのだが、ふと彼の声がどこまで届くか試したくなり、川のほうまで歩くことにした。フロント通りに出ると、周囲がにぎわっていることもあって、彼の声は聞こえるものの説教の内容までは聞き取れなかった。

私は、裁判所から自分がいる場所までの距離を計算し、その距離を半径として半円を描いた。ひとりの人間が2平方フィートの面積を占めると仮定すると、その半円のなかには3万人以上が入ることになる。それまで、ホイットフィールド師が屋外で2万5000人の聴衆に説教をしたという新聞記事も、昔の将軍が全軍に号令をかけたという話も、いくぶん誇張されたつくり話だと思っていたが、その日を境にどちらも本当だと信じるようになった。

ホイットフィールド師の説教を何度も聞いているうちに、それが新しくつくられたものなのか、それとも各地をめぐりながら何度も繰り返している説教なのかを判別できるようになった。後者のほうは、何度も繰り返して自分のものにしているので、声のトーンも、強弱のつけ方も、音の抑揚も完璧で、聞いていて心地よかったからだ。たとえ説教の内容に興味がない人でも、彼の話を聞いているだけで、すばらしい音楽を聴いているときと同じような快感に包まれる。これはまさに、巡回牧師の強みだろう。教会つきの牧師は、ひとつの説教を何度も繰り返して自分のものにしようとはしない。

書いたものはあとに残る

一方、ホイットフィールド師が書いた文章は、何度となく反対派たちの批判の的になった。口頭での説教なら、うっかり失言をしても、あとで弁解したり、訂正したり、「そんなことは言っていない」と否定したりできるかもしれない。しかし、**ラテン語のことわざにもあるとおり、「書いたものはあとに残る」のだ。**ホイットフィールド師に反感をもつ人たちは、彼が書いたものを徹底的に攻撃した。反対派の意見はもっともなものが多かったので、熱心な信者は少しずつ減っていった。

もし、彼が文章をいっさい書かなければ、多くの信者がいる立派な宗派を後世に残しただろうし、彼の名声は死んだあとも高まりつづけただろう。何も書かなければ、批判や中傷の的になるものがなくなる。そうなれば、熱心な信者たちはホイットフィールド師の立派なエピソードをでっちあげ、望みどおりの偉大な人物に仕立て上げられるのだ。

新聞と印刷所の共同経営の成功

ところで、私の商売はいたって順調だった。事業はどんどん拡大し、暮らし向きも楽になっていった。大きな理由は、私が発行する新聞がペンシルベニアと周辺の植民地で唯一の新聞になったことだ。一時的なことではあったが、おかげでずいぶん利益を上げられた。私の経験からもわかるとおり、金というのは自然に増えていく。**「最初に100ポンドを稼いでしまえば、次の100ポンドは簡単に手に入る」**という言葉があるが、これはまさに真理だといえる。

サウスカロライナでの共同経営が成功したことに勇気づけられ、私は別の土地でも同じことを試してみた。まじめな職人を何人か選び、サウスカロライナのときと同じ条件で共同経営をもちかけ、いくつかの植民地に印刷所を開かせたのだ。結果的に、ほとんどの植民地で商売がうまくいった。

6年間の契約が切れたあと、職人たちは私から活字を買い取り、自分たちだけで商売を続けていった。こうして、いくつかの家族が晴れて独立を果たすことになった。共同経営というものは往々にして喧嘩別れで終わるものだが、幸運なことに、私と職人たちの仲は最後まで良好だった。

おそらく、契約を交わすときに喧嘩にならないよう配慮したおかげだろう。

私たちは、お互いがすべきことと、お互いが相手に期待していることを明確にし、

すべてを書面に記したうえで契約を交わしていた。これから共同事業を始めるつもりの人にも、同じことをするよう勧めておきたい。

契約時点では相手を信頼し、互いに敬意をもっていても、いざ仕事を始めてみると、自分だけが責任を負わされているとか、自分だけが苦労しているとかいう気持ちになるかもしれない。そうなると、嫉妬心や嫌悪感がわいてきて、友情にひびが入ったり、共同経営が破綻したりしかねない。最悪の場合、訴訟沙汰などのひどい結末に終わることもあるのだ。

第12章 フィラデルフィアの防衛

私はペンシルベニアで開業してよかったと思っていたが、この町に対してふたつだけ不満があった。ひとつは防衛のための備えがないことで、もうひとつは青少年のための教育施設がないことだ。つまり、この町には義勇軍も大学もなかったのだ。

大学の創設

そこで私は、1743年に大学を設立する案を起草した。そして、そういう教育機関を監督するなら、ちょうど定職に就いていなかったピーターズ牧師が適任だと思い、彼にこの計画のことを打ち明けた。しかし、ピーターズ牧師は私の誘いを断った。領主がらみの仕事のなかからもっと条件のいいものを見つけるつもりだったようだ（実際、彼はやがてもっと条件のいい仕事に就いた）。大学の運営を任せられそうな人はほかにいなかったので、この考えはしばらく棚上げになった。だが翌年、アメリカ哲学協会を創設する案が議会を通過し、私の望みはついに実現した。私が書いたものをかたっぱしから調べれば、当時の文章が見つかるだろう。

義勇軍の創設

防衛についても話そう。当時、イギリスとスペインは数年にわたって戦争を続けていたが、途中でフランスがスペイン側についたことで、私たちは多大な危険にさらされていた。

知事のトーマスは、この植民地を守るためにあらゆる手を講じた。クエーカー教徒が多数を占める植民地議会を説得して義勇軍法案を通過させようとしたのもそのひとつだ。だが、長年の努力もむなしく、彼の試みは失敗に終わった。そこで私は、自分たちで義勇軍を組織しようと考えた。

まず、「明白な事実」と題したパンフレットを作成し、自分たちがどれほど無防備な状態にあるかを明らかにした。加えて、防衛のためには一致団結して訓練に励まなければならないこと、この町には防衛のための団体が必要だということ、数日後にそういう団体の設立を呼びかけるから、一般の人々にぜひ署名をしてほしいということを書いた。私のパンフレットはたちまち大きな反響を呼んだ。私はこの団体の顧問に推薦されたので、何人かの友人の力を借りて趣意書の原案をつくり、集会場（例の「宗派にかかわらず誰でも使える建物」のことだ）で集会を開く準備をした。当日、会場はほぼ満員になった。私は趣意書を印刷したものを大量に用意し、会場のいたるところにペンとインクを置いたうえで演壇に立った。

そして、まずは防衛の問題について簡単な演説を行い、趣意書を読み上げて団体の目的を説明し、それから印刷した趣意書を配った。会場に集まった人は、みな進んで署名をしてくれた。反対する人はひとりもいなかった。

集会が無事に終わり、署名用紙を集めてみると、1200人以上が署名をしてくれたことがわかった。集会のあと、ペンシルベニア中の国民にこの趣意書を配ったところ、最終的に署名の数は1万を超えた。署名をしてくれた男たちは、短期間のうちに武装を整え、中隊と連隊を編制して指揮官を選出し、その後は毎週欠かさず集まって、銃の練習をはじめとする訓練に励んだ。

一方、女性たちは仲間のあいだで寄付をつのり、集まったお金で絹の軍旗をつくってそれぞれの中隊に贈った。軍旗には中隊ごとに異なる意匠と標語が書かれていた。どれも私が考案したものだ。

宝くじの収益で大砲を設置

各中隊の将校たちは、私を「フィラデルフィア連隊」の連隊長に指名した。しかし、自分が連隊長の座につくのはふさわしくないと思い、私は代わりにローレンス氏を推薦した。ローレンス氏はこの地方の有力者で、人望もあったので、問題なく連隊長に任命された。

私は義勇軍のみんなに宝くじを発行することを提案した。宝くじの売り上げがあれば、町の下手に砲台を建設し、そこに大砲を据えつけられると考えたからだ。宝くじはあっという間に売り切れ、まもなく砲台の建設が始まった。

組んだ丸太に土をかぶせて銃眼間の凸壁《マーロン》をつくり、ボストンから古い大砲を何門か買った。数門の大砲ではじゅうぶんとはいえないので、イギリスにも注文し、並行して領主に資金援助を頼むことにした——もっとも、援助してもらえる見込みは高くはなかったが。

ニューヨークから大砲を借りる

やがて、ローレンス連隊長、判事のウィリアム・アレン氏、エイブラハム・テイラー氏、それから私の4人がニューヨークに派遣されることに決まった。義勇軍を代表して、クリントン知事から大砲を借りるのが私たちの任務だった。最初、クリントン知事は私たちの頼みをそっけなくあしらったが、ほかの議員も集まって会食が始まると、彼は当時のニューヨークの慣習に従い、マディラ酒をがぶがぶ飲んで上機嫌になりはじめた。

そのうち「6門だったら貸してもいい」と言いはじめ、やがてそれが10門に増え、最終的に18門も貸してくれることになった。どれも砲架のついた立派な18ポンド砲だった。私たちはすぐに大砲をフィラデルフィアに運び、砲台に据えつけた。戦争が終わるまでずっと、義勇軍はこの砲台で夜間の見張りを行った。

私もみなと同じように、一兵卒として交代で見張りにあたった。

断食の日の制定

知事や議員は、さまざまな分野で活躍する私に好感をもったようだった。彼らは私を信頼し、義勇軍にメリットがあると思われる計画が議会でもちあがったときは、きまって相談をもちかけてきた。私は、義勇軍をまとめるためには宗教の力が必要だと考え、生活や習慣に宗教的な要素を取り入れた。また、神のご加護が与えられるように、断食の日を制定するのはどうかと提案した。

知事や議員たちはすぐさま賛成したが、ひとつ問題があった。ペンシルベニアでは、断食が行われたことが一度もなかったのだ。布告文を起草したくても、参考になる前例がどこにもなかった。しかし私は、断食が毎年布告されるニューイングランドで育ったので、どのような布告文にすればいいかはだいたいわかっていた。

私は担当者に代わって型どおりの布告文を作成し、ドイツ語にも訳したうえで、英語版とドイツ語版の両方を印刷して植民地中に発布した。

その後、各宗派の牧師たちは、信者を説得して義勇軍に参加させることになった。

もし、すぐに講和が成立していなければ、クエーカー教徒以外はみな義勇軍に加わっていただろう。

書記から引きずり降ろそうとした男

何人かの友人は、義勇軍の活動に尽力する私を見て、このままではクエーカー教徒の反感を買って議会での信用を失うのではないかと心配してくれた。実はこのとき、私を蹴落とそうとしている若い男がいた。彼は私と同じく一部の議員から支持を得ていて、私に代わって書記の座につこうと考えていたのだ。

あるとき、彼は私に言った。

「次の選挙で、あなたは書記の地位を失います。これはもう決まったことです。忠告させていただきますと、やめさせられるぐらいなら、自分からおやめになったほうが面目が立つのではないでしょうか?」

それを聞いて、私はこう返した。

「前に、ある公人の話を聞いたことがあります。何かで読んだのか、誰かから聞いたのかは覚えていませんが、とにかくその人は、自分から公職につく気はないものの、公職につくよう頼まれたらぜったいに断らないという主義を掲げていました。私もその人と同じ考えです。でも、私のほうがひとつだけ条件が多くなっています。私は自分からは求めませんし、頼まれたら断りませんし、自分からやめたりもしません。もし、私をやめさせてほかの誰かに書記を任せるというなら、遠慮なくそうしてください。でも、自分からやめるつもりはありません。世間にいる自分の敵と戦うチャンスがあるかもしれないのに、その権利を自分から捨てるなんて、まっぴらですから」

彼が私に辞職を迫ったのはこのときだけだった。私は結局、翌年の選挙でも満場一致で書記に選ばれた。そのころの議会では、軍備問題のことで意見が分かれていた。私に反対する議員は、私が知事や知事に賛同する議員たちと親密にしているのが気に入らなかったようだ。もし私が自分から書記をやめると言ったら、彼らはおおいに喜んだだろう。

だが、私はやめなかった。「義勇軍の活動に力を入れている」という事実は私をやめさせる理由にはならなかったし、それ以外の理由があるわけでもなかったからだ。

私はもともと、国防活動に反対する議員はいないとわかっていた（「なんらかの支援をしてほしい」と議会に要求した場合は別だろうが）。それに、「侵略戦争」には反対だが「自衛戦争」には賛成だという人は想像していたよりもずっと多かった。国防に関しては賛否両論の意見が飛び交い、数々のパンフレットが出版されたが、なかには良識のあるクエーカー教徒たちが「自衛戦争に賛成する」と書いたものがあった。クエーカー教徒の若者の大部分が国防活動を認めてくれたのは、そのパンフレットのおかげだと思っている。

クエーカー教徒の反対

あるとき、消防組合で起きた出来事のおかげで、一般的なクエーカー教徒の考え方を知ることができた。私たちはその日、組合の資金（当時60ポンドほどあった）を使って宝くじを買い、砲台の建設計画を支援するか否かについて投票を行う予定だった。組合の規則では、「案が出されたとしても、次の集会までは金を支出できない」と決まっていた。組合には30人の組合員がいて、そのうち22人がクエーカー教徒だった。

ほかの宗派の人は私を含めて8人しかいなかったが、8人全員が必ず集会に出席していた。この提案がなされた当初、クエーカー教徒のなかにもこの提案に賛成してくれる人が何人かいると踏んでいたが、賛成すると言ってくれる人がひとりも出てこないまま投票日を迎えることになった。

しかし、投票を行う部屋にやってきたクエーカー教徒はジェームズ・モリス氏だけだった。モリス氏は言った。

「私を含むクエーカー教徒全員がこの提案に反対しています。そもそも、こんな提案がなされたこと自体、本当に残念です。このことが原因で私たちの関係にひびが入り、組合がつぶれたとしてもおかしくはありません」

私たちはモリス氏に反論した。そんなことになるはずがない、クエーカー教徒の意見が多数票を取ったとしたら、自分たちは世の中のあらゆる団体の慣行に従ってその結果を受け入れなければならないし、実際にそうするつもりだ、と。その後、投票を始めようという段になると、モリス氏は「少し待ってほしい」と言った。

「規則に従って投票を始めるのも大事ですが、ほかのクエーカー教徒たちも反対票を投じるためにこちらに向かっているはずです。公平を期するなら、彼らが着くのを待つべきではないでしょうか」

私たちがこの件について議論していると、給仕が部屋に入ってきて、「ふたりの紳士が下で待っておられます。お話があるとのことです」と私に言った。下に降りてみると、クエーカー教徒の組合員ふたりが待っていた。彼らは私を見ると口を開いた。「すぐ近くの酒場に、仲間があと8人集まってます。私たちの票が必要なら、これから全員で賛成の票を投じにいきますが、できれば投票をしないですませたいところです。こういう案に賛成したことが長老や仲間たちに知られたら、何を言われるかわかりませんから。ですから、あなたがたの票だけでじゅうぶんということでしたら、このまま顔を出さないつもりです」

こうして、私たちは確実に多数票を取れることになった。私は部屋に戻り、少しためらうふりをしてから、「あと1時間だけ待つことにしましょう」と言った。するとモリス氏は、「ええ、そうしましょう。実に公平な判断です！」と答えた。しかし、しばらく待っても誰も来ないので、彼はだんだんうろたえはじめた。そのうち1時間が経ち、投票が始められた。

私たちの案は8対1で可決された。22人のクエーカー教徒のうち、8人は私たちに賛成の票を入れようとしていたし、13人は欠席することで「反対しない」という意思を示した。つまり、本心から防衛に反対しているクエーカー教徒は、22人のうち1人だけだったことになる。あとの21人は、みな正統なクエーカー教徒であり、ほかの教徒からの評判もよく、きちんとした判断力をもち合わせている人ばかりだった。

戦闘行為を行わないクエーカー教徒

ジェームズ・ローガン氏は、気高さと教養を兼ね備えた古くからのクエーカー教徒だったが、自衛戦争に賛成の立場をとっていた。彼は仲間に宛てた文書のなかで、防衛が必要な理由をいくつも挙げ、自分の意見が正しいことを裏づけた。また、私に60ポンドものお金を渡し、「これで宝くじを買いなさい。くじが当たったら、賞金はすべて砲台の建設費用にあてるように」という指示を出したこともある。彼は、先代の領主であるウィリアム・ペン氏の話を例に挙げて、防衛についての自分の考えを聞かせてくれた。

ローガン氏は、若いときにこの領主の秘書としてイギリスからアメリカに渡ってきたという。だが、ちょうど戦争の最中だったので、彼らが乗った船は敵と思われる武装船に追われることになった。船長は敵船を迎え撃つことにして、ウィリアム・ペンに向かってこう言った。

「領主とお連れのクエーカー教徒のみなさんの手を借りようとは思っていません。船室にお逃げください」

彼らは言われたとおり船室に向かったが、ジェームズ・ローガンだけは甲板に残り、そのまま大砲の前で待機した。結局、追跡してきた武装船は味方の船だとわかり、戦闘にはならなかった。しかし、ローガンがそのことを知らせに船室に下りていくと、ウィリアム・ペンはひどく怒った。

「教義に背いて戦闘行為に手を貸すとは何事だ。しかも、船長に頼まれたわけでもないのだから、なおさら容認できない」

全員の前で叱られたこともあって、ローガンのほうも憤慨してこう答えた。

「私はあなたにお仕えする身です。それなのに、なぜ船室に下りるよう命令をくださらなかったのですか？　さっきまでは、ご自分の身だけを案じて、私が甲板に残って防戦準備を手伝うのを喜んでいたじゃありませんか」

私は、クエーカー教徒が多数を占める植民地議会に何年もいたので、彼らの苦労はよく知っている。イギリス国王から軍事費の支援を求められるたびに、戦争反対を主義として掲げる彼らはひどく悩んだ。要求をはねつけて政府を怒らせるわけにはいかないが、自分たちの主義に反する要求に応じれば、ほかのクエーカー教徒たちに合わせる顔がなくなる。

基本的に、彼らはうまく言い逃れをして要求に応じないようにしたが、どうしても断れないときは、何か別の名目を考え出した。最も多く使われたのは、「国王のご用のため」という名目で金を支出し、その用途についてはいっさい説明を求めない、という方法だった。

〝その他の穀物〟という火薬

とはいえ、国王以外の人から要求があったときは別の名目を考えなければならなかった。たとえば、「火薬が不足している」という理由で、ニューイングランド政府から援助金を求められたことがある。トーマス知事は、要求に応じるよう植民地議会を説得したが、クエーカー教徒たちは「火薬は戦争を構成するひとつの要素だから、そんなものを買うために金は出せない」と言ってこれを拒否した。

しかし彼らは、ニューイングランドへの援助金として3000ポンドを支出し、「パン、小麦粉、小麦およびその他の穀物の購入にあてさせる」という条件をつけて知事に委託した。この条件を聞いて、「食糧なんて要求してないんですから、このお金は受け取らないほうがいいと思います」と知事に勧告する人もいたが、知事はこう答えた。

「いえ、お金はもらっておきます。植民地議会の意図はよくわかっていますから。〝その他の穀物〟というのは火薬のことなんですよ」

実際にトーマス知事はその金で火薬を買ったが、植民地議会に異議を唱える者はひとりもいなかった。

消防組合で「宝くじを買う」という案が出たとき、可決される見込みは高くなかった。私は組合員のシング氏にこう言った。

「今回の案が可決されなかったら、次は消防ポンプ車《ファイア・エンジン》を買うという提案をしましょう。それならきっとクエーカー教徒も反対しません。それで、あなたが私を、私があなたを購入の担当者に指名すれば、私たちは大砲を買うことができます。大砲も一種の火器《ファイア・エンジン》ですから」

私の意見を聞くと、シング氏は答えた。

「なるほど。あなたも長らく植民地議会にいるうちに、ずいぶん悪知恵が働くようになりましたね。例の〝その他の穀物〟の話に勝るとも劣らない、うまいやり方です」

信条を印刷しなかったダンカー教徒

クエーカー教徒は「いかなる戦争も認めてはならない」という主義を掲げ、そのことを公に表明している。だが、一度はっきりと表明してしまった以上、考えが変わったとしても簡単には撤回できない。だからこそ彼らは、何度となく苦しい状況に立たされているというわけだ。


クエーカー教徒たちが自分たちの主義に縛られているのを見ると、私はダンカー教徒（ドイツ系の浸礼派《バプテスト》）のことを思い出す。ダンカー教徒は、クエーカー教徒よりもずっと慎重だった。ダンカー教が創設されてまもないころ、私は創設者のひとりであるマイケル・ウェルフェアと知り合った。その日、彼は私に愚痴をこぼした。

自分たちは、ほかの宗派の狂信的な人々から中傷を受けていて、いまわしい主義や慣習に従っているという理由で批判されているが、断じてそんなことはしていない、と。

「新しい宗派には、根も葉もない噂がついてまわるものです。誹謗中傷をやめさせたいなら、あなたがたの信仰や規律を公表したらいいのではないでしょうか」と私が言うと、彼は「それはできない」と答えた。

どうやら、以前も仲間のあいだでそういう案が出たようだが、最終的に却下されたという。彼はその理由について次のように語った。

「私たちがこの宗派を立ち上げたとき、神は私たちの心を照らし、それまで真実だと思っていた教義に誤りがあることと、誤りだと思っていた教義にも真実があることを教えてくださいました。その後も、神が折に触れて光を与えてくださったので、私たちの教義は徐々に改められ、誤りも少なくなっていきました。とはいえ、改善の余地はいまも残されています。私たちの霊的な知識、神学的な知識はまだまだ完全とはいえません。もし、いまの時点で信条を印刷物にしてしまうと、それに縛られて身動きがとれなくなり、もっと改善していこうという気持ちがなくなるかもしれません。それに、新たな教徒たちが、長老や創設者が決めたことを神聖視して、そこから逸脱することは許されないと考える可能性もあります。そうなると、教義が改善される見込みはいっそう低くなるでしょう。私たちは、そうなることを恐れているのです」

ダンカー教徒のこうした謙虚な考え方は、人類の歴史においても特殊な例だろう。たいていの宗派は、自分たちの教義こそ唯一の真理だと信じていて、異なる主義を掲げる宗派があれば「あの人たちの教義は間違っている」と決めつける。だがそれでは、霧の深い日に道を行く旅人と同じだ。**旅人の目には、自分より少し前を歩く人も、後ろを歩く人も、道の両側に広がる草地にいる人も、みんな霧に包まれているように映り、自分のまわりだけ霧が晴れて明るくなっているように思える。ところが、実際には旅人自身も同じように霧に包まれているのだ。**最近は、知事や議員といった公職から離れるクエーカー教徒が増えている。主義を曲げるのではなく、権力を手放すことを選んだようだ。

ペンシルベニア式ストーブの発明

少し時間をさかのぼるが、私は1742年に開放式《オープン》ストーブを発明した。新しい空気が入ってくるときに暖まる仕組みだったので、従来のものより暖房効率がよく、燃料も節約できた。私は、そのストーブの模型を長年の友人であるロバート・グレイスに贈った。熔鉱炉をもっていたグレイスは、私のストーブに合った鉄板の鋳造を始めた。その後、ストーブの需要が増えたことで、彼はかなりの利益を手にした。

私はストーブの宣伝のために「新発明のペンシルベニア式ストーブについて――その構造および使用法についての詳しい説明、ほかの暖房装置よりすぐれていることの証明、本製品に対する疑問や反論への回答など」と題したパンフレットを発行した。このパンフレットは実に効果的だった。

パンフレットを読んだトーマス知事は、私のストーブの構造を気に入ってくれたようで、数年間の専売特許権を私に与えると言った。しかし、私はその申し出を断った。

「私たちは他人の発明から多大な恩恵を受けているのだから、自分が何かを発明したときも、人の役に立てることを喜び、多くの人に気軽に利用してもらえるよう努めるべきだ」というのが私の主義だったからだ。

だがそのうち、ロンドンのある金物屋が、私の発明を金儲けの道具にした。私のパンフレットの大部分を借用し、自分で書いたように見せるために少しだけ内容を変え、ストーブ本体にも少し手を加え（そのせいで性能が少し落ちた）、ロンドンで特許を取得したのだ。私の発明を横取りして特許をとった人はほかにもいるが、全員がこの男のように儲かったわけではない。

私は別に、特許をとって自分だけ儲けようとは思っていないし、争いになるのも嫌だったので、こういう人たちに異議を申し立てたりはしなかった。やがて私のストーブは、ペンシルベニアだけでなく近隣の植民地にも広まっていった。いまでも多くの家庭が、薪を節約できるこのストーブを使っている。

第13章 公共事業と任務（1749〜1753）

講和条約が結ばれ、義勇軍の仕事が一段落つくと、私は大学を創設するという計画にふたたび意識を向けはじめた。

そこでまず、〈ジャントー〉の会員を中心に、活動的な友人を何人か集めてこの計画に加えた。

次に「ペンシルベニアにおける青年の教育についての提案」と題したパンフレットを作成し、有力者たちに無料で配った。

そして、彼らがパンフレットを読み、いくらか気持ちが動いたと思われるタイミングを見計らって、大学の創設と維持のための寄付をつのった。

大学創設のための寄付は分納

寄付は5年かけて分納してもらうことにした。一括で払ってもらうより、分割払いにしてもらったほうが多くの金額が集まると思ったのだ。そして、実際にそのとおりになった。私の記憶が間違っていなければ、少なくとも5000ポンド以上の額が集まったと思う。

私はパンフレットの序文のなかで、「これは私個人による提案ではなく、公共心に富む何人かの紳士による提案である」と述べた。前にも書いたとおり、自分が発起人だと明かさないほうが賛同者を集めやすいからだ。

寄付に応じてくれた人たちは、この計画をすぐに実行に移すため、自分たちのなかから24人の理事を選出した。そして、大学の管理運営に関する法規の起草者として、当時法務長官を務めていたフランシス氏と私を指名した。法規が完成し、調印が終わると、私たちは校舎を借りて教授を招き、ついに授業が始まった。たしか1749年のことだった。

そのうち、学生の数がどんどん増えていき、校舎が手狭になってしまった。新しい校舎を建てるのにいい土地はないかと探したところ、まもなく理想的な場所が見つかった。すでに完成している大きな建物で、少し手を入れれば校舎として使えそうだった。その建物とは、前にも紹介した、ホイットフィールド師の支持者たちが説教を聞くために建てた集会場のことだ。私たちがこの集会場を手に入れたのには次のような経緯がある。

集会場を大学へ

その集会場はさまざまな宗派の人の寄付によって建てられたので、土地と建物の管理委員を指名するにあたっては、特定の宗派の勢力が強くならないよう気をつける必要があった。同じ宗派の人が管理委員に集まると、その宗派の人だけで建物を独占しかねないし、そうなると「どんな宗派の人でも使える集会場にする」という当初の目的に反することになる。

そこで、「イギリス国教派から1人、長老教会派から1人、浸礼派《バプテスト》から1人、モラビア派から1人」というふうに各宗派から1人ずつ管理委員を指名することに決まった。管理委員が亡くなって欠員が出た場合は、寄付をした人のなかから選挙で1人を選ぶことにした。しかし、モラビア派の委員だけがほかの委員と折り合いが悪かった。

そのため、その委員が亡くなったあと、今後はモラビア派からは管理委員を選出しないと決められた。だがそうなると、今度は同じ宗派から2人の委員を選ばなければならなくなる。管理委員たちは、この問題に頭を悩ませた。

次の管理委員の候補として何人かの名前が挙がったが、宗派の問題があるために、なかなか意見が一致しなかった。そんななかで、委員のひとりが私の名前を挙げた。「フランクリンはどうだろう。彼はどの宗派にも属していないし、誠実な男だから、委員の任務をまっとうしてくれるんじゃないかな?」

ほかの委員たちもこの提案に賛成し、私は建物の管理委員に選ばれた。そのころにはもう、この建物を建設したときの情熱をもっている人はいなかった。管理委員たちは、地代の支払いや建設時の借金の返済のために寄付をつのっていたが、思うように集まらず、誰もが途方に暮れていた。私は、その建物の管理委員であると同時に大学の管理委員でもあったので、双方と交渉をして、両者のあいだに次のような契約を締結させた。

「建物の管理委員は大学に建物を引き渡し、大学側は建物の借金を代わりに返済する。大学側はその後、当初の目的どおり、建物の大ホールを説教のために開放する一方で、貧しい若者を教育するために授業料のかからない学校を経営する」というものだ。

まもなく書類が作成され、借金の返済が完了し、建物の所有権は大学の管理委員の手に渡った。私たちは、天井が高い大ホールを上下階に分け、いくつかのスペースに区切って各学部の教室をつくり、さらに新しい土地を買って敷地を広げた。やがて私たちの理想どおりの場所になったので、学生たちをこの建物に移した。

建物の整備にあたっては、職人との交渉も、材料の仕入れも、工事の監督も、私がひとりで引き受けた。楽な仕事ではなかったが、私はとても楽しんでいた。

大学の運営が軌道に乗る

その理由のひとつは、印刷所の仕事がすでに私の手を離れていたことだ。実はその前年、デイビッド・ホールという青年が私の共同経営者になった。ホールは、勤勉かつ才能あふれる青年で、4年前から私のもとで働いていた。彼は印刷の仕事をすべて引き受け、私には利益の配当をきちんと支払った。彼との共同経営はとてもうまくいき、18年間も続いた。

それからしばらく経つと、大学評議会は知事の許可を得て法人組織となった。イギリスからの寄付金と、領主から与えられた土地のおかげで大学の基金はだいぶ増えていたし、植民地議会も多額の寄付をしてくれた。こうして、フィラデルフィア大学(現ペンシルベニア大学)の礎が築かれた。

私は、創立当初から現在にいたるまで40年近くも評議員の座に就いているが、多くの青年がこの大学で教育を受け、みずからの才能を伸ばし、公職に就き、社会に貢献し、この国に新たな光を灯すのを見るたびに、言葉にならないほどの喜びで満たされる。

印刷所の仕事を離れる

先ほども書いたが、私はもう自分の商売を手放していたし、多少の貯金もあったので、「これからは学問や遊びに時間を費やせるだろう」と気楽なことを考えていた。そこで、講演のためにイギリスから来ていたスペンス博士の実験器具をすべて買い取り、電気に関する実験に精を出した。だが世間の人たちは、私が暇をもて余していると考えたようで、公共の仕事をまわしてくるようになった。市政のあらゆる部門から声がかかったし、何かしらの義務を押しつけられることもあった。

知事は私を治安判事に任命し、市の行政機関は私を市会議員に選び、その後まもなく参事会員に推薦した。また、一般市民の大多数の賛成を受けて、私は植民地議会のフィラデルフィア代表に選ばれた。議員の座に就けたのはありがたいことだった。

正直、書記として議会に出席するのにはうんざりしていた。議員たちの議論はたいてい退屈だったが、書記である私は話に加わることもできないので、魔方陣やら魔法円やらを描いて時間をつぶすしかなかったのだ。それに、自分が議員になれば、人々にもっと貢献できるだろうという気持ちもあった。

いろいろ書いたが、私は公共の仕事を任されたのが嫌だったわけではない。むしろ、手にしたすべてのものが誇らしかった。初めて世間に飛び出したとき、ただのみすぼらしい若者だった私が、このような高い地位に就くことができたのだ。しかも、自分から求めたわけではなく、世間の人々から評価されて自然に出世したのだから、なおさらうれしかった。

たくさんの公共の仕事を任される

治安判事として何度か法廷に出席し、訴訟の申し立てを聞いているうちに、私のもっている法律の知識だけではこの職務をまっとうできないことがわかった。そこで、「自分は植民地議会の立法者なので、そちらの仕事にもっと力を入れたいと思います」と言って、治安判事の職務からは手を引くことにした。私は10年連続で議員に選ばれたが、直接的にも間接的にも、自分に票を入れてほしいと頼んだことはない。私が議席をもつようになってからは、息子が代わりに書記を務めた。

私が議員になった翌年、カーライルでインディアンとのあいだに条約が結ばれることになった。知事は植民地議会に教書を送り、この条約の締結のための委員を数人だけ選ぶよう指示した。その結果、議長であるノリス氏と私が委員を務めることになった。私たちはすぐにカーライルに行き、インディアンたちと会見した。

ラム酒とインディアン

インディアンはみな、かなりの酒飲みだった。そのうえ酔うと凶暴になるので、私たちは彼らに一滴も酒を売らないことに決めた。彼らは最初、この措置に不満をつのらせたが、「会議が終わるまでは我慢してください、終わったら好きなだけラム酒を飲んでいただいてかまいません」と私たちが言ったことでようやく納得してくれた（もっとも、彼らには酒を手に入れるすべがなく、私たちに従う以外に選択肢はなかった）。

会議は順調に進み、双方が満足するかたちで終わった。その後、インディアンたちが「酒を飲ませてくれ」と言ったので、私たちは約束どおりラム酒を渡した。時刻はだいたい昼過ぎだった。

インディアンは、町を出てすぐのところに正方形の仮小屋を建て、男女と子どもを合わせて100人ぐらいで集まって共同生活を営んでいた。ところが夕方になると、彼らの仮小屋のあたりから騒ぎ声が聞こえてきた。何事かと思った委員たちが駆けつけると、インディアンが広場の真ん中に篝火《かがりび》を焚いて、男も女も一緒になって酔っぱらっているのが見えた。誰もが口喧嘩や殴り合いに夢中になっていた。

また、彼らはみな半裸だった。薄暗い篝火に照らされた黒い肌の人たちが、火のついた材木を持って互いを追い回し、叩き合い、叫び声を上げているさまは、私たちが想像する「地獄」そのものだった。どうやって騒ぎを鎮めたらいいのかわからなかったので、私たちはそのまま宿舎に戻った。真夜中になると、何人かのインディアンが宿舎にやってきて、ドアを叩きながら「もっとラム酒をくれ」と頼んできたが、私たちは気づかないふりをした。


翌日、大騒ぎをして迷惑をかけたと思ったのか、インディアンの長老3人が私たちのところにきて謝罪をした。だが、謝罪の言葉を述べた長老は、自分たちの非は認めたものの、「すべてはラム酒のせいだ」と言った。そしてすぐに、ラム酒を擁護するためにこんな弁明を始めた。

「万物の創造主である大いなる霊《グレート・スピリット》は、すべてのものを何かの役に立つようにつくられました。なんのためにつくられたにせよ、すべてのものはその目的のために用いなければなりません。大いなる霊《グレート・スピリット》は、ラム酒をつくりたもうたとき、『これはインディアンが飲んで酔うためのものだ』と仰せられました。ですから、そのとおりにしなければばならないのです」

もし、大地を耕す白人に土地を与えるために、この野蛮人たちを根絶やしにすることが神のご意志なのだとしたら、ラム酒はそのための手段だったのだろう。かつて大西洋沿岸に住んでいたこの部族は、ラム酒のせいで滅ぶことになったのだから。

病院を建てる

1751年、親しい友人であるトマス・ボンド博士が、フィラデルフィアに病院を建てようと思い立った。ペンシルベニアの住民かどうかにかかわらず、貧しい病人を入院させて治療を施してあげよう、というのが彼の考えだった(世間では、このすばらしい慈善事業の考案者は私だと思われているが、もともとはボンド博士のアイデアだ)。

彼はまず、寄付を集めるためにあちこちを駆けまわったが、当時のアメリカではあまり前例のない試みだったこともあり、賛同してくれる人はなかなか見つからなかった。

やがて、博士は私を訪ねてきてこう言った。

「やっぱり、こういう公共事業を進めるためにはあなたの助けが必要みたいです。寄付を頼んだ人のほとんどが、『フランクリンさんにはご相談なさったんですか？　あの方はなんとおっしゃいましたか？』と聞いてきました。まだだと答えると、どなたも『そうですか、とりあえず考えておきます』とだけ言って寄付をしてくれないんですよ」

どうやら博士は、病院建設は私にはあまり関係ない分野だと思って相談しなかったようだ。私はひとまず、彼の計画がどういうもので、どんなふうに人の役に立つのかを聞いてみた。すると、非常にすばらしい計画だったので、さっそく寄付に応じ、寄付金集めにも協力することにした。

新聞で取り上げる

寄付をつのる前に、私はこの計画を新聞で取り上げて住民の関心を集めておいた。これは私の常套《じょうとう》手段であり、ボンド博士にはできなかったことだ。

その後、寄付をしてくれる人はずいぶん増えたが、しばらく経つとまた集まりが悪くなりはじめた。植民地議会からいくらか援助してもらう必要がありそうだったので、私は請願の手続きをすることにした。最初、地方出身の議員たちはこの計画に賛成しなかった。「町の病院なのだから、町の住民だけで費用を負担するのが筋だろう。それに、住民のなかにも反対する者が少なからずいるに違いない」と彼らは言った。

「かなりの数の住民がこの計画に賛成しています。その人たちの寄付だけで、少なくとも2000ポンドは集まります」と私は言い返したが、信じてもらえなかった。しょせんは皮算用だ、そんな金額が集まるはずがない、というのが議員たちの総意だった。

そこで、私はある計画を立てた。まず、「寄付者たちの請願に従って彼らを法人組織化し、植民地議会は資金（金額は未定）をその組織に援助する」という法案を提出する許可を求めた。議会は、法案の内容しだいでは否決もできると考えて、この要求を認めてくれた。私はさっそく法案を作成し、重要な条項に次のような条件を付記した。

「なお、前述の権限に基づいて次のように定める。前述した寄付は、総会において理事と会計担当者を選任し、各応募者の寄付によって基金が〇〇に達し（この基金によって生じる毎年の利息は、困窮した患者の前述の病院への収容、および彼らに提供する食事、看護、医療相談、医薬品の資金に充当するものとする）、またその時点における植民地議会議長がその金額に納得できる場合、議長は前述した病院の設立、建設、設備費に充てるため、病院の会計係に２０００ポンドを2年分割で支払う旨を記載した指示書（議会の財務担当者に宛てたもの）に署名するものとする」

この条件のおかげで、法案は議会を通過した。補助金を出すことに反対していた議員たちが、「これなら金を出さなくても慈善家という評判が得られる」と考えて賛成側にまわったからだ。

私はその後、寄付をつのるときはこの条件について説明し、「みなさんからいただいた寄付金は2倍になります。法律でそう保証されているのです」と言って協力を仰いだ。この条文はふたつの意味で役立ったというわけだ。

やがて、当初の目標を上まわる金額が集まったので、私たちは議会に公共資金を請求し、計画を実行に移した。

こうして、便利で立派な建物が建てられた。それ以来、多くの人に利用され、社会に貢献してきたこの病院は、今日でも繁盛しつづけている。私は生涯において何度も政治的な駆け引きをしてきたが、このときほど成功を喜んだことはない。あとになって、少しずるいやり方だったかもしれないとは思ったが、後悔の念は少しもわいてこなかった。

寄付を効率的に集める方法

病院を建てたのとちょうど同じころ、私はギルバート・テネント牧師に「寄付を集めるのを手伝ってもらえないか」と頼まれた。テネント師は、寄付金を使って自分の信者（もともとホイットフィールド師の弟子だった長老教会派の人たちだ）のための新しい礼拝堂を建てるつもりだという。

私は、何度も寄付を頼んでいたら市民に嫌われると思い、彼の頼みを断った。「それなら、気前がよくて公共心に富んでいる人のリストをいただけませんか。あなたならそういう人をご存じのはずです」とテネント師は食い下がったが、私はその頼みにも応じなかった。名前を教えたら、テネント師は間違いなくその人たちに寄付を頼みにいくだろうし、そうなるとかつての恩人に迷惑をかけると思ったからだ。

「わかりました。でしたら……せめて、何か忠告だけでもお願いします」と彼が言ったので、私はこう答えた。

「忠告なら喜んでしましょう。**大事なことは3つあります。まず、間違いなく寄付をしてくれる人がいるなら、全員に頼むこと。次に、寄付をしてくれるかどうかはっきりしない人がいるなら、すでに寄付をしてくれた人のリストを見せて頼むこと。最後に、寄付をしてくれる見込みがない人を無視しないことです。あなたがそう思い込んでいるだけという場合もありますから**」

テネント牧師は笑顔になってお礼を述べ、言われたとおりにやってみます、と言った。その後、彼は予想以上の金額を集め、そのお金を使って立派な礼拝堂を建てることができた。その礼拝堂はいまもアーチ通りにある。

道路を舗装してきれいにする

フィラデルフィアはとても整然とした町だった。道路は広く、まっすぐで、縦の道路と横の道路はきれいに直角に交差していた。しかし、どの道路も長いあいだ舗装されないまま放置されていた。雨が降ると、重い馬車の車輪で地面がぐちゃぐちゃになって横断するのも一苦労だったし、空気が乾燥すると土ぼこりが舞って大変なことになった。
私は「ジャージー・マーケット」と呼ばれる市場の近くに住んでいたので、食料を買いにきた住民が泥まみれになりながら歩くのを何度となく目にした。実に気の毒な光景だった。

あるとき、市場の中央部分が煉瓦で舗装され、ふつうに歩けるようになったものの、そこにたどり着くまでに靴が泥だらけになってしまうのは変わらなかった。私は、道路を舗装すべきだと人々に訴えたり、自分の考えを文章にまとめて発表したりしてこの問題の解決に力を注いだ。

やがて、私の努力は実を結び、道路の一部が石で舗装され、ようやく靴を汚すことなく市場に出入りできるようになった。とはいえ、道路のほかの部分はそのままだったので、馬車が通るたびに舗装の上に泥が積もっていった。当時はまだ道路の清掃人などおらず、積もった泥が片付くことはなかった。

道路の掃除をしてくれる人を探したところ、勤勉ではあるが生活に困っている男が見つかった。私が事情を話し、掃除人をお願いできないかと聞くと、彼は答えた。

「この地域の各家庭が毎月6ペンスずつ払ってくれるなら、喜んでお引き受けします。週に2回、道路を掃いて、家の前の泥もどけておきますよ」

私はさっそく、わずかな金額でどれだけの利益を得られるかを近隣の住民に告知した。靴についた泥をもって帰らないですむから家をきれいにしておけるとか、道路を歩くのが楽になるから客足が増えるとか、風が強い日でも商品がほこりまみれにならないといったことを記した書類を印刷し、各家庭に1部ずつ配ったのだ。

翌日と翌々日、どれだけの家がこの考えに同意したかを調べたところ、一軒残らず賛成の署名をしてくれたとわかった。それからしばらくのあいだ、週に2日の道路掃除が続けられた。

フィラデルフィアの人々は、市場のまわりの道路がきれいになったことを喜び、「いっそのこと、ぜんぶの道路を舗装してほしいもんだ。そのためなら喜んで税金を払おうじゃないか」という声が高まっていった。

道路に照明を灯す

それから少し経ったころ、私は道路の舗装に関する法案を起草して植民地議会に提出した。1757年、私がイギリスに出かける直前のことだ。その法案は私が発ったあとにようやく可決されたものの、内容に若干の変更が加えられた。

正直、課税の方法が変わったことには賛成できなかったが、照明に関する条項が新たに加えられた点はすばらしいと思った。

きっかけは、フィラデルフィア市民のひとりである故ジョン・クリフトン氏が自宅の玄関先にランプを吊るしたことだった。その後、ほかの住民たちも照明の便利さに気づき、町中に照明をつけようと言い出すようになったのだ。世間では、フィラデルフィアの照明事情を変えたのも私だと思われているが、真に賞賛されるべきはクリフトン氏だとここで言っておきたい。私はただ、彼のあとに続いて、ロンドンから輸入していた球形のランプのかたちを少し変えただけだ。

球形のランプは下から空気が入ってこないので、煙が上に出ていきにくい。結果的に、中にこもった煙のせいで、明るさが半減してしまう。しかも、毎日きれいに磨かなければならず、少しぶつけただけで壊れるという問題もあった。

そこで私は、4枚のガラスを使ってランプをつくり、上部には長いじょうご状の煙突をつけ、下部に空気孔をつけることを提案した。そうすれば、煙がこもらないのでランプが汚れにくくなり、ロンドン製のランプのように数時間で暗くなったりせず、朝まで明かりを灯しておける。何かをぶつけてもガラスが1枚割れるだけですみ、修理もずっと楽になる。

私はときどき、「なぜロンドンの人たちは、自分たちの街灯に空気孔をあけようとしないのだろう？」と思ってしまう。ヴォクスホール公園で使われている球形のランプは、底に孔があいていて、煙がこもらないようになっている。それを知りながら、住民がいまだに従来のランプを使っている理由が私にはわからなかった。だが実は、ヴォクスホール公園のランプに孔があいていたのは、その穴から麻糸を垂らし、簡単に点火できるようにするためだった。「空気が入ってくる」という利点には誰も気づいていなかったというわけだ。だからロンドンの町は、ランプが灯されてから数時間後には薄暗くなってしまう。

そういえば、私が改良したものがもうひとつある。ロンドンに滞在していたとき、私はフォザギル博士に会って話をした。博士は、私の知り合いのなかでもとりわけ優秀で、みずから公益事業を推進していた人物だ。その日、私は彼に道路掃除に関する提案をした。ロンドンの道路は、晴れの日であっても掃除されなかったので、常に細かいほこりが積もっていた。そのため雨が降ると舗装の上が泥だらけになり、そのまま何日も放置された。

通りを横断するには、貧しい人たちが掃除した狭い小道を通るしかなかった。泥を集めて荷車に載せるのはかなりの重労働なうえ、移動中に荷車が揺れると、むき出しの荷台から泥がこぼれてくる。結局、舗道があちこち泥まみれになるので、歩行者にとってはいい迷惑だった。それでも道路のほこりを掃除しない理由は、掃き掃除をすると、掃いたほこりが家や商店の窓から入り込んでしまうからだという。

道路掃除の方法

あるとき私は、道路掃除には思ったほど時間がかからないことを知った。きっかけは、クレイヴン通りにある私の宿泊先の玄関口で、貧しい身なりの女性が白樺のほうきで道路を掃いているのを目にしたことだ。ちょうど病み上がりなのか、その女性は顔色が悪く、いかにも弱々しそうだった。

「誰かに頼まれて掃除をしているんですか?」と私が聞くと、彼女は答えた。

「いえ……頼まれているわけではありません。私は貧しい身で、とにかく生活に困っております。ですので、身分ある方のご門前を掃かせていただき、いくらかでもお金をいただけたらと思いまして」

私はその女性に、家の前の通りを端から端まで掃いてくれたら1シリング払うと言った。そのとき時刻は朝の9時で、女性が1シリングを受け取りにきたのは正午だった。彼女はあまり手際がよくなさそうだったので、私は正直、もっと時間がかかると思っていた。しかし、召使いに確認させたところ、道路はきちんと掃かれていて、ごみはすべて道の中央にある下水溝にまとめられていた。次に雨が降ったとき、ごみはすべて流れ、道路も下水溝もすっかりきれいになった。

私はこう思った。あんなに弱々しい女性でさえ、たったの3時間でここまでの掃除ができるのだから、健康な男なら半分の時間で事足りるはずだ、と。また、このような狭い道路の場合、道の両側の歩道のそばに側溝をつくるよりも、中央にひとつだけ下水溝をつくったほうがいいとわかった。道に降った雨を1か所に集めれば、流れが強くなり、たまった泥をすべて洗い流せる。

一方、ふたつの側溝を設けると、どちらも流れが弱くなるので泥が残ってしまう。その結果、馬車が通ったときに車輪や馬のひづめで泥が飛び散り、歩道が汚れて滑りやすくなったり、歩いている人にかかったりする。こうしたことをふまえ、私はフォザギル博士に次のような提案をした。

・ロンドンおよびウェストミンスターの道路をより効率的に清掃し、かつ清潔な状態を保つために、数名の夜警と契約を結ぶことを提案する。それぞれの夜警には、担当の道路を割り振り、乾期はごみの掃き取り、雨期は泥のかき集めを行わせる。また、ほうき等の必要な道具一式を夜警たちに提供し、めいめいの詰所に保管させ、彼らが貧しい人たちを雇って道具を貸し出せるようにする。

・乾燥した夏期には、商店や住宅の窓が開く時間より前にごみを掃き、適当な間隔をおいてまとめておく。道路清掃人は、荷台に蓋をした荷車でごみをすべて運び去るようにする。

・かき集めた泥は、馬車の車輪や馬のひづめに踏まれて飛び散らないよう、きちんと片付ける。道路清掃人に貸与する荷車は、高い車輪の上ではなく、地面すれすれの低い位置に荷台がついているものにする。また、荷台の底を格子状にして麦わらを敷いておくと、積み込まれた泥の水だけが流れ落ちる。泥の大部分は水なので、重量はかなり軽くなると思われる。こうした荷車を適当な場所に置いておき、一輪車で泥を運んで荷台に積み込み、泥の水が流れ出るのを待ってから馬に引かせて運ぶこととする。

だがあとになって、この提案の後半部分は実現がむずかしいように思われた。場所によっては道幅が狭いところもあるので、排水用の荷車を置くと往来の邪魔になる可能性があったからだ。とはいえ、最初に提示した「商店が開く前にごみを集めて運び去る」という案は、日の長い夏の時期なら実行できるといまでも思っている。以前、朝の7時にストランド通りとフリート通りを歩いたことがある。太陽が昇ってから3時間も経っているのに、開いている店は一軒もなかった。ロンドンの住民は、ろうそくを灯して夜更かしするのが好きなので、日が昇ってもなかなか起きてこない。彼らはよく、ろうそく税や獣脂の値段に不満を言っているが、好きで夜更かしをしているのだから、文句を言う資格などないのではないかと思う。

一見つまらないと思えるものに注意を向ける

ロンドンの道路についてあれこれ書いたが、読者のなかには、つまらないエピソードだと感じた人もいるかもしれない。たしかに、風が強い日に誰かの目にごみが入ったとか、一軒の店にほこりが吹き込んだとかいった話なら、つまらないと言ってもいいだろう。だが、人口の多い都市でそういうことが何度も起こると、無視できない重大な問題になる。

だから、**一見つまらないと思えることに注意を向ける人がいても、一方的に非難してはならない。人間の幸福というのは、ごくまれにやってくるすばらしい幸運からではなく、日々の生活のなかにあるささやかな利益から生まれるものだ。**

たとえば、貧しい青年に、ひげの剃り方と剃刀の手入れの仕方を教えてあげたとしよう。その青年の幸福という観点から考えると、剃刀の知識は1000ギニーの金よりもずっと有益だといえる。1000ギニー程度の金をもらっても、どうせすぐに使ってしまい、「もっと大事に使えばよかった」という後悔だけが残る。

しかし剃刀の扱い方を知れば、理髪店で待たされることも、運悪く不潔な店員にあたることもないし、切れない剃刀にいらいらすることもなくなる。好きなときにひげを剃れるし、切れ味のいい剃刀でひげを剃るという喜びを毎日味わえるのだ。

私が数ページを費やしてロンドンの道路について書いたのも、愛するフィラデルフィアの人々や、アメリカのほかの町の人々に、この話からささやかな利益を得てほしかったからだ。私の経験が、将来なんらかのかたちで役に立ってくれることを願っている。

郵便局でも利益を上げる

しばらく前から、私はアメリカの郵政長官のもとで会計検査官を務め、いくつかの郵便局の取り締まりや局員の譴責《けんせき》にあたっていた。だが、1753年に長官が亡くなると、イギリスの郵政長官の指名を受けて、私とウィリアム・ハンター氏がアメリカの郵政長官代理になった。それまで、アメリカの郵便局はほとんど利益を上げておらず、イギリスの郵便局への支払いもできずにいた。

私とハンター氏は、郵便局が利益を上げれば、そのなかから年間600ポンドの報酬をもらえることになっていた。しかし、それだけの利益を上げるには、さまざまな面で郵便局を改良する必要があり、かなりの費用がかかる見込みだった。結局、私とハンターは最初の4年間でおよそ900ポンドの金を立て替えた。
だがその後、出したぶんのお金を回収できるようになり、やがて私たちの郵便局が国庫に納める金額はアイルランドの郵便局の3倍にまで達した。そのころ、私は大臣たちの気まぐれによって罷免されたが、その愚かな判断によって、アメリカの郵便局が利益を上げることはなくなった。

この年、郵便局の仕事でニューイングランドに行ったとき、私はケンブリッジ大学から修士号を与えられた。私から頼んだわけではなく、向こうから進んで授与してくれたのだ。以前、コネティカットのイェール大学からも同じ称号を与えられている。私は大学で学んだことは一度もないが、自然科学の電気学部門においてさまざまな改良や発見を行ってきた。そうした貢献が評価されたのだ。

第14章 植民地連合の構想

1754年、またもやフランスとの戦争の気運が高まってきた。そこで、商務大臣の命令によって各植民地の委員がニューヨーク植民地のオールバニーに集められ、インディアンの6つの部族の酋長たちとともに、双方の国土の防衛手段について協議することになった。

この命令を受け取ったハミルトン知事は、すぐさま植民地議会にこのことを知らせ、会合の場でインディアンたちに贈るのにふさわしいものを用意するよう指示を出した。そして、ペンシルベニアの領主であるトーマス・ペン氏と秘書のピーターズ氏に同行する委員として、議長のノリス氏と私を指名した。

よその植民地で会議が行われることに不満を示す議員もいたが、議会はひとまずハミルトン知事の指名を承認し、贈り物も用意した。こうして私たちは、6月の半ばごろ、オールバニーでほかの植民地の委員たちと顔を合わせた。

植民地連合の計画案

オールバニーに向かう途中、私はある計画を起草した。国土の防衛をはじめとする重要な目的のために、すべての植民地がひとつの政府のもとに連合を組むというものだ。ニューヨークに着いたあと、こうした公務に精通しているジェームズ・アレクサンダー氏とケネディ氏にこの案について話したところ、ふたりとも賛成してくれた。

私は自信を強め、思い切ってその計画書を会議に提出したのだが、私のほかにも同じような計画を立てている人が何人かいたとわかった。会議では、まず植民地連合を結成すべきか否かという決議が行われ、満場一致で可決された。次に、各植民地からひとりずつ委員を選んで委員会をつくり、その委員会が誰の案を採用するかを決めることになった。驚いたことに、選ばれたのは私の案だった。委員会は、当初の私の案にいくつかの修正を加えたものを最終案として会議に提出した。

イギリス本国と植民地両方からの反対

その案では、国王によって任命された総督が植民地連合を統括し、連合議会の議員は各植民地の議会で選出されることになっていた。この植民地連合案に関しては、インディアン問題と並行して、毎日のように討議が行われた。さまざまな反対意見が上がったり、問題点が指摘されたりしたものの、最終的にすべてが解決し、満場一致でこの連合案は可決された。

だが、連合案の写しを商務省と各植民地議会に送ったところ、予想外の展開が待っていた。なんと、各植民地議会は「国王の特権を認めすぎている」という理由でこの案を否決し、一方でイギリス商務省は「民主的すぎる」という理由でこの案を認めず、国王の裁可を求めもしなかったのだ。

ただし商務省は、もっと現実的な（と彼らが考えた）案を代わりに提示した。内容は次のようなものだ。

「各植民地の知事は、それぞれの議会の議員とともに会議を開き、軍隊の招集や要塞の建設等に関する決定を行う。そのための経費はイギリス本国が支出するものとする。イギリス議会は、支出した経費を回収できるよう、アメリカに対する課税法案を作成する」

私が最初に作成した連合案と立案理由は、私の政治論文（印刷物になっている）のなかに残されているはずだ。


その年の冬、私はずっとボストンに滞在し、自分の案と商務省の出した代案についてシャーリー知事と議論を戦わせた。先ほど触れた政治論文に、私とシャーリー知事が交わした会話の一部も掲載されているはずだ。イギリス本国と植民地議会はどちらも私の案に反対したが、両者が反対する理由は正反対だった。これはつまり、私の案が両者の意見のちょうど中間に位置していたということではないだろうか。もし私の案が採用されていたら、イギリス本国にとっても各植民地にとっても満足のいく結果になっていたに違いない。

植民地連合が誕生すれば、イギリスに頼らなくとも自分たちの国土を防衛できたただろう。イギリスの軍隊が派遣されなければ、植民地への課税が強化されることも、多くの血が流れたあの戦いも起こらずにすんだ。しかし、こうした間違いはいまに始まったことではない。人類の歴史は、国家と王の過ちの歴史なのだ。

人間が暮らすこの世界を見回してごらん
みずからの幸福を知る者がどれだけ少ないことか
あるいは知っていたとしても
それを求める者がどれだけ少ないことか

——ユウェナリス『サトゥラ』第10編より

こころなき廃案

為政者はみな、やらなければならない仕事があまりに多いせいで、新しい計画を考えたり実行したりする手間を惜しむものだ。彼らは基本的に、すぐれた公共政策が提案されても、先を見据えて採用しようとはしない。採用せざるをえなくなったときに、やむをえず採用する場合がほとんどだ。

ペンシルベニアの知事は、私の案を植民地議会に送るにあたって、「この案はきわめて明快であり、堅実な判断のもとに書かれているように思う。できるかぎり厳密に、かつ慎重に検討していただきたい」という言葉を添え、自分が心から賛成していることを示した。しかし植民地議会では、ある議員が卑劣な裏工作を行った。私がたまたま欠席した日にこの案を会議にかけ、検討もせずに廃案にしてしまったのだ。私にとっては無念きわまりない結果だった。

第15章 領主との衝突

その年、ボストンに向かう途中、私はニューヨークでフィラデルフィアの新たな知事であるロバート・モリス氏に会った。モリス氏はイギリスから赴任してきたばかりだったが、私と彼は以前から付き合いがあった。彼は前知事のハミルトン氏の後任として、委任状を持ってアメリカにきていた。

ハミルトン氏が辞職したのは、領主から下される訓令のせいで植民地議会ともめてばかりの状況に嫌気がさしたからだった。自分もハミルトン氏と同じ道をたどるだろうか、とモリス氏に聞かれたので、私はこう答えた。

「いいえ、そうは思いません。むしろ、植民地議会といざこざを起こさなければ、わりあい楽しくやっていけると思います」

すると、モリス氏は笑って言った。

「そうですか。しかし……どうすればいざこざを起こさずにすむんでしょう。あなたもよく知っているとおり、私は大の議論好きなんです。議論ほど楽しいものはないと思ってます。まあでも、あなたがそうおっしゃるなら、できるかぎり議論を避けるようにしてみます」

ロバート・モリス新知事

モリス氏が議論を好むのにはいくつかの理由があった。彼は雄弁家であり、しかも鋭い詭弁家でもあるので、議論ではまず負けなかった。彼の父親は、夕食のあと、子どもたちに議論をさせるのが好きだったという。

そんな日々のなかで、彼自身も議論が好きになっていったようだ。だが私は、子どもに議論の訓練をさせるのをいいことだとは思わない。**私の経験から言わせてもらうと、いたずらに議論をふっかけたり、反駁《はんばく》したり、相手をやりこめたりするのが好きな人は、仕事でうまくいかない場合が多い。**

もちろん、そういう人が成功を収める場合もあるだろうが、ほかの人から好意を向けられることはぜったいにない。そして他者からの好意というものは、成功よりもずっと価値があるものなのだ。それはさておき、とにかく私たちはニューヨークで別れ、彼はフィラデルフィアに、私はボストンに向かった。

モリス知事と議会の対立

ボストンからの帰り道、私はニューヨークでペンシルベニア植民地議会の議事録を読んだ。モリス氏は、私が忠告したにもかかわらず、すでに議会と激しい争いを繰り広げているようだった。彼と議会との争いは、モリス氏が知事をやめる日までずっと続くことになる。

そして、私もその争いにおける重要人物になった。植民地議会に戻ってまもなく、私はモリス氏の演説や教書に回答するための委員に任命された。ほかの委員たちの希望で、草案の作成は私が担当した。

モリス氏の教書と同じく、私たちの回答もたいてい辛辣だったし、下品な言葉で相手を罵倒することもあった。モリス氏は、草案を作成しているのが私だと知っていたので、私とモリス氏が顔を合わせたら殺し合いになりかねないと考えている人も少なくなかった。しかし、モリス氏が気のいい紳士だったおかげで、私たちの仲が険悪になることはなかった。むしろ、ときどき夕食をともにしていたほどだ。

ある日の午後、私はモリス氏と道でばったり会った。ちょうど、私たちの争いが最高潮に達していたときのことだ。先に口を開いたのはモリス氏だった。

「フランクリンさん、よかったら家にいらっしゃいませんか。今晩、何人かの知人が来ることになっているんです。あなたとも気が合いそうな人ばかりです」

そして、私の腕を引っ張って強引に自分の家に連れていった。

夕食のあと、私たちはワインを飲みながら他愛もない話をした。モリス氏は、冗談まじりにこんなことを言った。

「私はね、サンチョ・パンサ［セルバンテスの『ドン・キホーテ』の登場人物］の考えはすばらしいと思いますよ。彼は、『国をあげよう』と言われたとき、『では黒人の国をください』と言ったんです。黒人の国なら、意見の合わない国民を売り飛ばせますからね」

この話を聞いて、私の隣に座っていた人が言った。

「フランクリンさんは、どうしてあのろくでもないクエーカー教徒の味方ばかりするんですか。あんな連中、売り飛ばしたほうが世の中のためです。きっと領主がいい値段で買ってくれますよ」

私はこう答えた。

「そういうわけにもいきません。知事はまだ、あの人たちを売り飛ばせるほど黒くしてませんから」

実際のところ、モリス氏は植民地議会に〝墨〟を塗りつけるために教書を出しつづけた。しかし植民地議会は、モリス氏が塗った〝墨〟をかたっぱしから拭き取り、今度はそれを知事の頭に塗りたくっていた。やがてモリス氏は、このまま争っていたら自分のほうが真っ黒になってしまうと考えて、ハミルトン氏と同じように知事をやめた。

知事と植民地議会のあいだでこうした争いが起きるのは、代々の領主たちのせいだ。領主は、植民地の防衛のために金を出す必要に迫られると、信じられないような卑劣な手を使う。「税金を徴収するための法案を通したければ、領主の広大な私有地だけは課税対象から外すよう明記しろ。それをしない場合、どんな法案も通過させない」と知事に命じるのだ。

知事は「領主が出す訓令には必ず従う」という誓約書を書かされるので、逆らうことはできない。植民地議会は、3年にわたって領主の横暴さに抵抗してきたが、最終的にはいつも屈服させられた。のちに、モリス知事の後任となったデニー大尉がこの訓令に背くことになるが、それについてはあとで詳しく書こう。

話を先に進めすぎてしまったようだ。モリス氏が知事を務めていたときの出来事について、もう少し書いておきたい。

領主たちは金を出さず

フランスとの戦争が事実上始まると、マサチューセッツ植民地政府はクラウン・ポイントを攻撃する計画を立て、クインジー氏をペンシルベニアに、パウナル氏（のちに知事になる人物）をニューヨークに派遣して援助を求めた。クインジー氏は、まず私に声をかけてきた。私は植民地議会に議席をもっていて内部事情に通じていたし、お互いにボストンの生まれという共通点もあったからだ。

クインジー氏から要請されたことを伝えると、植民地議会はこころよく応じ、食糧調達のための費用として1万ポンドを援助することを承認してくれた（法案には、食糧のための1万ポンドだけでなく「国王の御用のため」の援助金も支出すると記載された）。

しかし、モリス知事はこの法案を承認しなかった。「たとえ必要な税金を徴収するためでも、『領主の私有地だけは課税対象から除外する』という条項を入れなければ承認できない」と彼は言った。植民地議会としては、なんとかしてニューイングランドを援助したかったが、そのための方法を見つけられなかった。クインジー氏も必死にモリス知事を説得しようとしたが、聞く耳をもってはもらえなかった。

承認なしで資金を調達する方法

私は、知事の承認を得ることなく資金を調達する方法を考え、公債局の監理委員にあてて手形を発行することを思いついた。法律では、手形を発行する権限は植民地議会にあると定められていた。当時の公債局にはわずかな現金しかなかったので、私は「手形の支払い期限を1年以内として、5パーセントの利子をつける」ことを提案した。そういう手形でも、食料を買うぐらいなら問題ないと思ったからだ。
植民地議会はすぐに私の提案を採用した。その後、あっという間に手形が印刷され、手形に署名して処理するための委員が選出された。私も委員のひとりになった。

この手形の支払いには、当時この植民地で貸しつけていたすべての流通紙幣の利子と、物品税からの収益をあてるつもりだった。そうした収益がじゅうぶんにあることは誰もが知っていたので、手形にはすぐに信用がつき、食料の支払いに使えるようになった。現金を貯め込んでいた富裕層の人々は、喜んで手形に投資するようになった。持っているうちに利子がつくし、いつでも現金の代わりに使えるなら、買ったほうが得だと考えたのだ。富裕層がこぞって買い求めたために、手形は数週間で売り切れてしまった。こうして、私の考えた方法で問題は解決した。

クインジー氏は丁重な覚え書きを送って植民地議会に感謝の意を表してから、使命が成功したことに満足してマサチューセッツに帰っていった。それ以来、彼は私に心からの友情を示しつづけてくれた。

第16章 ブラドック将軍の遠征

イギリス政府は、オールバニーで提案された植民地連合を認めなかった。当時のイギリスは植民地を信用しておらず、むしろ警戒していた。植民地が連合を組んで国土を防衛するようになれば、軍事力があまりに強くなり、イギリスの力を軽視するようになるのではないかと危惧したのだ。そのため、イギリス政府が植民地の防衛のためにとった方法は、イギリス正規軍2連隊を率いるブラドック将軍を派遣することだった。

将軍はバージニアのアレクサンドリアに上陸し、メリーランドのフレデリックタウンに進軍して、車馬を調達するためにそこに留まった。まもなく、将軍が植民地議会をよく思っていないという噂が広まりはじめた。どうやら将軍は、植民地の人々がイギリスの判断に不満を抱いていると思ったようだ。

郵政長官として将軍に会う

この噂を聞いた植民地議会はすっかり怖気づき、将軍の機嫌をうかがってきてほしいと私に頼んだ。私なら、議員ではなく郵政長官という立場で将軍に会える。将軍は各植民地の知事と何度も通信する必要があるので、「迅速かつ確実に文書をやりとりする方法について打ち合わせる」という名目なら将軍も応じてくれるはずだ、ということだった。

「この頼みを聞いてくれるなら、通信にかかる費用は植民地議会が負担しよう」と議員たちが言ったので、私は将軍に会いに行くことにした。このときは息子もついてきてくれた。

私たちはフレデリックタウンで将軍にあいさつをした。彼は、四輪荷馬車の調達のためにメリーランドとバージニアの奥地に向かわせた部下たちの帰りをいらいらしながら待っているところだった。私は将軍のところに何日か滞在し、毎日一緒に食事をとりながら、植民地議会が今回の軍隊派遣にどれほど力を尽くしたかということや、これからも喜んで協力させていただきたいといったことを伝え、どうにかして議会の印象をよくしようと努めた。私が帰る日になって、調達できた四輪荷馬車についての報告が入ってきた。ぜんぶ合わせてたったの25台で、なかには使えそうにない状態のものもあるということだった。将軍も将校もこの報告に唖然とした。そして、それだけの馬車で遠征は続けられない、もうおしまいだ、と口々に言ってから、イギリス政府を非難しはじめた。

「食糧などの荷物を運ぶには、最低でも150台の荷馬車が必要だ。そんな基本的なことも考えずに、こんな土地に派遣するとは……ひどい話じゃないか」

馬車の調達を担う

そんな彼らを見て、私は思わずこう言ってしまった。

「ペンシルベニアに上陸されていたら、もっと楽に調達できたでしょう。あのあたりなら、たいていの農民が馬車をもっていますから」

するとと将軍は、すかさず私の言葉に飛びついてきた。

「きみはペンシルベニアの有力者だろう？　その気になれば、私たちのために馬車を手に入れることができるはずだ。どうか、その役目を引き受けてもらえないだろうか」と彼は言った。

「馬車の持ち主にはどういう条件を出すおつもりですか？」と私が聞くと、「逆に、どうしても必要だと思われる条件を教えてほしい」と将軍が言ったので、私は思いついた条件を書き出した。

将軍はそれらをすべて受け入れ、すぐに委任状と指令書を用意した。どんな条件を出したかは、私がペンシルベニアのランカスターで公表した布告文を読めばわかるだろう。この布告は大きな効果を上げた。全文を載せるので、興味のある人は読んでみてほしい。

布告

１７５５年４月26日　ランカスターにて

現在、国王陛下の軍隊がウィールズ・クリークに集合しようとしている。彼らに提供するために、４頭の馬つきの四輪荷馬車１５０台と、乗馬または荷馬１５００頭が必要である。ブラドック将軍閣下は、この賃貸契約を締結する権限を私に委譲なさった。ゆえに私は、本日から次の水曜日の夕刻まではランカスターにて、木曜日の朝から金曜日の夕刻まではヨークにて、契約締結のための業務にあたることをここに布告する。馬つきの四輪荷馬車、および馬のみの賃貸契約の条件は次のとおりである。

1　健康な馬4頭と馭者《ぎょしゃ》1名を備えた馬車1台に対しては1日15シリング、荷鞍（ほかの鞍でもよい）と馬具を備えた良馬に対しては1頭につき1日2シリング、鞍を備えていない良馬に対しては1頭につき1日18ペンスをそれぞれ支払う。

2　支払いは、それらの馬がウィールズ・クリークで軍隊に加わった時点から始まる。軍隊に加わる日は、きたる5月20日かそれより前でなければならない。ウィールズ・クリークに到着するまでに要した日数、および除隊後に所有者のもとに帰るまでに要した日数については、適当な額を別途支払う。

3　それぞれの馬車と付属の馬、およびそれぞれの乗馬と荷馬は、当方と所有者が選定した公平なる第三者によって評価され、価格が決定される。軍務に服役中に、荷馬車、付属の馬、あるいはその他の馬に損害が生じた場合は、前述した価格に従って適当な代価を支払う。

4　馬車と付属の馬、または乗馬と荷馬の所有者が希望する場合、7日分の賃貸料を前金として当方より支給する。残金については、ブラドック将軍あるいは軍の会計担当者より、除隊の際、もしくは要求に従って随時支払うこととする。

5　馭者および馬の世話人は、いかなる理由があろうと、馬車の扱いと馬の世話以外の軍務を要求されることはない。

6　荷馬車あるいは馬に積まれて陣営地に運ばれた飼料（燕麦、とうもろこし、その他の馬糧）の余りは、軍隊用として買い上げる。これに対しても適当な金額を支払う。

B・フランクリン

注記　わが息子ウィリアム・フランクリンも、カンバーランド郡において、前述した契約を結ぶ権限を委譲されている。

ランカスター、ヨーク、カンバーランド郡の住民に告ぐ

親愛なる住民のみなさん

数日前、フレデリックタウンの陣営地にたまたま赴いたところ、将軍も将校たちも、車馬が調達できないためにたいへんいらだっておりました。この植民地は、もっと多くの車馬を調達できる土地だと期待されていたのですが、知事と植民地議会のあいだに軋轢が生じたために、防衛のための費用を捻出できず、予算を捻出するためのいかなる措置も講じられませんでした。

実をいうと、武装した軍隊をこの地に派遣し、よい荷馬車と馬を必要なぶんだけ徴発し、さらに馭者と馬の世話人も徴集しようという案も出ていました。

私が心配していたのは、もし本国の軍隊がそのような目的をもってこの地方を通過すれば、住民のみなさんに多大な迷惑を及ぼすのではないかということです。とくに、彼らはいま非常にいらだっているうえ、植民地議会に対して反感を

抱いているので、なおさらその可能性は高いと思われます。そのため私は、穏便かつ公正な方法をとることにしました。最近、住民のみなさんは、通貨が不足しているという不満を植民地議会に訴えておりましたが、ついにいま、多額のお金を手にし、みなさんで配分する機会が訪れたのです。軍の遠征はこれから120日間にわたって続くと考えられますが、そうなれば、荷馬車と馬の賃貸料は3万ポンドを上回るでしょう。しかもその報酬は、イギリスの国庫にある銀貨で支払われます。

馬にとっても、この任務は楽なものだといえるでしょう。軍隊が1日に12マイル以上行軍することはめったにありません。また、馬車や荷馬が運ぶのは軍隊の生活に必要な物資なので、軍隊とともに行軍します。軍隊より早く移動することはぜったいにないのです。そして、軍隊の利益のために、移動中も野営中も、荷馬車と馬は最も安全な場所に配置されます。

住民のみなさんが国王陛下の善良な臣民だと信じて、はっきりと言わせていただきます。みなさんはいま、国王陛下のための最大の奉仕をしながら、みなさん自身の利益を得られるという状況にあるのです。農耕の仕事があって、1台の荷馬車と4頭の馬とひとりの馭者を提供できない人もいるかもしれません。ですが、3人か4人で協力して、ひとりが荷馬車、もうひとりが馬を1頭か2頭、もうひとりが馭者を用意する、というかたちなら不可能ではないはずです。賃貸料は適当に分配すればいいのです。もし住民のみなさんが、これだけの報酬と好条件を約束されていながら国王と国家への奉仕を拒むのであれば、みなさんの忠誠心は疑わしいものになってしまうでしょう。

国王の行う事業は、必ず遂行されなければなりません。何人もの勇敢な軍人が、みなさんを守るためにはるばる海を渡ってきました。みなさんが当然果たすべき義務を怠ったために彼らが無意味な時間を過ごすなど、ぜったいにあってはなりません。何があっても、荷馬車と馬を提供しなければならないのです。もし提供できなければ、おそらく強硬手段がとられることになります。その後、みなさんはしかるべき筋に補償を求めるかもしれませんが、その訴えは同情されることも、取り上げられることもないでしょう。

私は別に、個人的な利害のためにこのような告知をしているわけではありません。もちろん、「自分はよい行いをしている」という満足感を覚えてはいますが、それを除けば、多大な苦労をするわりに得るものはありません。もし、荷馬車と馬を用意できない場合、私は14日以内にその旨を将軍に報告することになっています。そうなれば、軽騎兵のジョン・シンクレア卿が、先ほど述べた徴発を行うために、ただちに騎兵隊を率いてこの地にやってくるでしょう。みなさんの真の友人として、みなさんの幸福を祈る者として、そのような事態にならないことを心から祈っております。

B・フランクリン

将軍たちのために尽力

私は、荷馬車の所有者たちに前金を支払うために、将軍から約800ポンドの金を渡されていた。しかし、それだけでは足りず、200ポンド以上を自分で立て替える必要があった。

2週間後、四輪荷馬車150台と、荷馬259頭を陣営地に送ることができた。布告文には、「車馬に損害が生じた場合は価格に応じて代価を支払う」と書いてあったが、所有者たちは将軍と面識がなく、その約束をどこまで信用していいのかもわからなかった。どの所有者も私に支払いを保証してほしいと言ったので、私は頼まれたとおり念書を書いた。

ある晩、私は陣営でダンバー大佐の連隊の将校たちと夕食をともにした。大佐は、部下の将校たちのことを何よりも心配していた。
「私たちは、これから長い時間をかけて荒野を進む。移動中は買い物などできないから、いまのうちに必要なものをそろえておきたいんだが……いかんせんこのあたりは物価が高すぎる。私の部下は、ここで物資を調達できるほど金をもっていないんだ」
と彼は言った。

それを聞いて、私は彼らに同情した。せめて少しだけでも物資を提供してあげたかった。そこで翌朝、私は大佐に内緒で植民地議会の委員たちに手紙を書いた。将校たちがどれだけ大変な状況に置かれているかを伝え、生活必需品や嗜好品を彼らに寄贈してはどうかと提案したのだ（委員会は、いくらかの公金を自由に使うことができた）。また、軍隊経験のある息子に頼み、必要だと思われる品物をリストにしてもらい、手紙と一緒にそのリストも送った。

委員会は私の提案に賛成し、物資の調達に力を尽くしてくれた。こうして、息子の指揮のもと、荷馬車と馬が到着するのとほぼ同時に物資が陣営に届けられた。包みの数は全部で20個で、それぞれの包みに次のものが入っていた。

棒砂糖　6ポンド
上等な黒砂糖　6ポンド
上等な緑茶　1ポンド
上等なボヒー茶　1ポンド
上等な粉末コーヒー　6ポンド
チョコレート　6ポンド
極上の白ビスケット　50ポンド
胡椒　半ポンド
極上の白ワイン　1クォート
グロスター・チーズ　1個

上等なバター　20ポンド入りひと樽
古いマディラ酒　2ダース
ジャマイカ産ラム酒　2ガロン
マスタード　ひと瓶
燻製ハム　2個
干した牛舌肉　半ダース
米　6ポンド
レーズン　6ポンド

戻ってきた1000ポンド

包みはそれぞれしっかりと梱包され、20頭の馬にくくりつけられ、馬ごと将校たちに贈られた。将校はみな、この贈り物にとても喜んだ。連隊の隊長たちは、ありとあらゆる感謝の言葉をつづった手紙を私に送ってきた。ブラドック将軍も、私が無事に荷馬車と馬を調達したことに満足したようだった。

彼は、私が立て替えた200ポンドあまりの金をすぐに支払い、何度も感謝の言葉を述べてから、「どうか今後も軍への支援を続けてもらえないか」と頼んできた。私はその頼みを聞いて、その後も軍隊に食糧を提供しつづけた。ところが、やがて将軍が敗北したという知らせが届いた。実はその少し前、私は食糧を調達するために立て替えた費用の明細を将軍に送っていた（イギリスの通貨で1000ポンドと少しだ）。幸い、その明細が将軍のもとに届いたのは、彼が敗北を喫する数日前だった。

将軍は、明細を受け取ってすぐに、「フランクリン氏に1000ポンドを支払うように」と会計担当者に指示していた。残りは次の支払いに繰り越されることになった。結局、残金が支払われることはなかったが、1000ポンドが戻ってきただけでも運がよかったといえるだろう。このことについては、あとでもう一度話そう。

私はいまでも、ブラドック将軍は勇敢な人物だったと思っている。もし、これがヨーロッパのどこかで行われた戦争だったら、おそらく軍人としてすばらしい功績を残したことだろう。しかし彼は、自分とイギリス正規軍の力を過信し、アメリカ人とインディアンの力を見くびっていた。

進軍中は、インディアンとの通訳を務めていたジョージ・クローガンが100人のインディアンを連れて将軍に同行した。将軍が誠意を見せていたら、インディアンたちは道案内や偵察で大きな力になったに違いない。しかし将軍は、インディアンたちを不当に扱い、そのせいで彼らから見放されてしまった。

敗北する前、将軍はどのように進軍する予定かを話してくれた。

「まずはデュケイン要塞を落とし、その後はナイアガラに進むつもりだ。ナイアガラを攻略したら、次はフロンテナックを攻める。途中で寒波がやってきたら方針を変えるかもしれないが、まず大丈夫だろう。デュケインは3、4日もあれば落とせるだろうし、デュケインからナイアガラまではとくに苦労せず進めるはずだ」

私は内心、将軍の考え方はいささか楽観的すぎると思っていた。進軍にあたっては、森や茂みを切り開きながら狭い道を通るのだから、兵士たちは行列をつくって待機せざるをえない。それに、インディアンのイロコイ族が暮らす地区を通るのは簡単ではないと思われた。以前、1500人のフランス兵がイロコイ族に敗れた話を何かで読んだことがあった。そこで、私は自分の考えをやんわりと彼に伝えた。

「たしかに、これだけ立派な軍隊がこれだけの武器をそろえているのですから、デュケイン要塞を落とすのはたやすいでしょう。あの要塞は防備が整っていませんし、兵士もそんなに強くありません。ひとたび攻撃を始めれば、すぐに降伏するはずです。ただ、私にはひとつだけ懸念があります。インディアンの伏兵に出くわすことです。やつらは伏兵を潜ませて敵を討つのがとてもうまいのです。軍隊は4マイルほどの列をつくって進軍する必要があると思いますが、もしインディアンたちに見つかれば、側方から奇襲をかけられて糸のようにぶつぶつと断ち切られてしまいます。一度ばらばらになってしまったら、お互いを助けにも行けなくなるでしょう」

過信が生んだ敗北

だが、将軍は私の話を笑い飛ばした。

「きみは、わが軍のことをわかっていないようだ。戦いを知らないアメリカの義勇軍からすれば、あの野蛮人どもは脅威かもしれないが、私たちは訓練を積んだ正規軍だ。インディアンなど恐るるに足りんよ」

私は、素人が軍人の意見を否定するのも失礼だと思ったので、それ以上は何も言わなかった。

結局、進軍中の兵士が横から襲われることはなかった。しかし、要塞まであと9マイルという地点で、予想だにしなかったことが起こった。川を渡った先遣隊が後続の兵士たちを待っていたときだ。森の開けた場所に集められた兵士たちが、木立や茂みのうしろから集中砲火を浴びせられたのだ。将軍はそれまで、敵が近くにいることに気づいていなかった。攻撃を受けた前衛部隊を助けるべく、将軍はただちに援軍を送ったが、荷馬車や家畜のあいだを進まなければならないせいでかなりの時間がかかった。

やがて敵の攻撃は、森のなかにいた兵士にも向けられた。馬に乗っていた将校たちは、格好の的になって倒れていった。兵士たちはパニックに陥り、一か所に集まって互いを押しのけ合った。誰も命令を下さない、あるいは下しても誰の耳にも届かないなかで、兵士の3分の2が殺され、残りは恐怖に負けて逃走した。

馭者たちは、荷馬車から外した馬に乗って逃げ出した。それに続いて多くの兵士が同じことをしたので、荷馬車も食糧も武器もその他の物資もすべて敵のものになってしまった。将軍は負傷したものの、なんとか助かったが、秘書のシャーリー氏は将軍のすぐそばで戦死を遂げた。結果的に、85人いる将校のうち63人が死傷し、その他の兵士は1100人のうち714人が死亡した。

この1100人は、正規軍のなかでも選り抜きの兵士たちだった。ほかの兵士たちは、ダンバー大佐の指揮のもとで、大量の軍需品と食糧とその他の物資をもって後方で待機していた。攻撃から逃げ延びた兵士がダンバー大佐の陣営に戻ったことで、彼らの恐怖は後方の兵士全員に伝わることとなった。

陣営には1000人以上の兵士がいて、敵はインディアンとフランス兵を合わせて400人足らずだったが、大佐は失った名誉を挽回するために戦おうとはせず、食糧と弾薬をすべて捨てることを命じた。植民地まで逃げ帰るために、荷物を減らし、動ける馬を多くしようと考えたのだ。

イギリス正規軍の蛮行

バージニア、メリーランド、ペンシルベニアの知事は、植民地に戻ってきた大佐に「住民を守るために、このまま国境にとどまってもらえませんか」と頼んだ。しかし大佐は、その要請を無視してフィラデルフィアに向かった。フィラデルフィアに着けば、住民のほうが自分を保護してくれると考えたようだ。この一連の出来事を経て、アメリカ人はこう思うようになった。

「イギリス正規軍は強い」という一般論は、根拠のない思い込みにすぎなかったのかもしれない、と。

正規軍の兵士たちは、最初に植民地の外に進軍したときも、民間人を相手に略奪行為を繰り返した。貧しい住民のなかには破産してしまった者もいたし、少しでも抗議した住民は、辱められたり、ひどい言葉を浴びせられたり、監禁されたりした。いくら植民地を守ってくれる軍隊が必要とはいえ、これ以上、正規軍の世話にはなりたくないというのが私たちの本音だった。

一方、1781年にフランス軍がロードアイランドからバージニアまで進軍したときは、まったく違うことが起きた。彼らが通ったのは、この国で最も人口の多い地域だったが、豚1匹、鶏1羽、さらにはりんご1個でさえ、盗まれたという苦情は出てこなかった。

将軍の副官のひとりだったオーム大尉もこの戦いで負傷し、将軍と一緒に救出され、その後は将軍が死ぬまでずっと側にいた。オーム大尉は、将軍がどんな最期を迎えたかを教えてくれた。救出されたあと、将軍はしばらく何も言わなかったという。

しかし夜になると、「こんなことになるなんて、いったい誰に予想できた?」とつぶやき、また黙り込んだ。翌日になっても将軍は言葉を発さなかったが、死ぬ間際になってからふたたび口を開いた。

「もう一度同じ状況になったとしたら、今度はもっとうまく対処できるはずだ」
将軍はそれから数分後に亡くなった。

軍からも賞賛される

軍の機密文書は、将軍の命令や訓令や書簡とともに敵軍の手に渡った。敵はいくつかの文書をフランス語に訳してから印刷し、イギリス政府が宣戦布告を行う前から戦争の準備をしていたことを公表した。公表された文書のなかには、将軍から大臣に宛てた手紙も何通かあった。将軍はその手紙のなかで、私が軍隊の活動に貢献したことを賞賛し、アメリカは私にもっと目をかけるべきだと書いていた。

それから数年後にフランス大使になったハーフォード卿の秘書を務め、その後は国務大臣時代のコンウェイ将軍の秘書も務めたデイビッド・ヒュームも、役所に保管されている公文書のなかに、私を絶賛するブラドック将軍の手紙が残されていると言った。しかし、遠征が失敗に終わったせいで、私の功績はそこまで評価されていない。将軍の推薦の言葉も、とくに役には立たなかった。

軍隊に貢献したことへの報酬として、私から将軍に頼んでいたことがある。

「今後は、どこかの雇用主と使用人契約を結んでいる者は徴兵対象から外し、もしすでに徴兵している使用人がいればただちに除隊させてあげてほしい」ということだ。

将軍はこの頼みを聞き入れ、ほかの将校たちにそうするよう命令を出した。その後まもなく、私が名前を挙げた何人かの使用人が除隊を認められ、それぞれの主人のもとに帰された。しかし、のちに指揮権を握ったダンバー大佐は、ブラドック将軍のように寛大ではなかった。

大佐がフィラデルフィアまで退却したとき（「逃げ帰ったとき」と言ったほうが正確だろうが）、私はブラドック将軍が出した命令に言及し、「あなたの隊に、ランカスター郡の農民に雇われていた使用人が何人かいるでしょう。その人たちの除隊を認めてもらえませんか」と頼んだ。すると大佐は、「これからニューヨークに向かう。その途中でトレントンに何日か滞在するから、雇い主がそこまで来たら使用人を返してやってもいい」と言った。

だが、雇い主の農民がなけなしの金と労力を費やしてトレントンを訪れたというのに、大佐は約束を守ろうとはしなかった。農民たちは大きな損失をこうむり、正規軍に失望してしまった。

荷馬車と馬が戻ってこないことを知ると、住民たちは「保証した金額を払え」と言って私のもとに押し寄せてきた。私はすっかり困ってしまった。なにしろ、金は軍の会計担当者から支払われることになっていたが、その手続きのためにはシャーリー将軍が発行する支払命令書が必要だったのだ。シャーリー将軍には手紙で書類の発行を要求していたが、距離があまりに離れているので、返事が来るまでにはしばらくかかりそうだった。だが、私が事情を説明しても住民は納得してくれず、やがて私を訴えるという者まで現れはじめた。

しばらく経ってからようやく、シャーリー将軍が委員を任命して請求額が妥当かを調べさせ、支払命令書を発行してくれたので、私は恐ろしい状況から抜け出せた。住民の請求額は合計で2万ポンド近くあった。将軍の命令が出なかったら、私は完全に破産していただろう。

前祝いをやめる

軍隊の敗北の知らせが届く前、トマス・ボンド博士とフィニアス・ボンド博士のふたりが私を訪ねてきて、こんなことを言った。

「〝デュケイン要塞陥落〟の知らせが入ってきたら、お祝いに花火を打ち上げようと思いまして、そのための寄付を集めにきたんです」私は少し渋りながら、「祝いごとの準備は、祝うことが決まってから始めても間に合うものですよ」と返した。ふたりは私の反応に驚いたようだった。

「もしかして……フランクリンさんは、要塞を落とすのは無理だと思ってるんですか?」と片方のボンド博士が言った。

「いいえ、そういうわけではありません。ただ、戦争の結果というのは、蓋を開けてみるまではわからないものですから」と私は答え、軍の作戦に対する自分の懸念を話して聞かせた。私の考えを聞いて、ふたりは計画を中止した。もし、予定どおり寄付をつのって花火を用意していたら、ふたりはいい笑い者になっていただろう。のちに片方のボンド博士は言った。「フランクリンの予感は、実に恐ろしい」

モリス知事は、ブラドック将軍が敗北する前から、ありとあらゆる教書を送ってきては植民地議会を困らせていた。彼は相変わらず、植民地防衛のための税金を徴収する法案には「領主の所有地は課税対象から除外する」という条項を加え、そういう条項のない法案が提案された場合はぜったいに認めようとしなかった。

将軍が敗北すると、モリス知事の横暴ぶりにいっそう拍車がかかった。植民地が危険にさらされ、それまで以上に防衛に力を入れなければならなくなった以上、植民地議会は多少無茶な要求にも従うだろうと考えたのだ。しかし議会は、正義は自分たちにあると信じていたし、知事の要求どおりに法案をつくることは、住民の基本的な権利をみすみす放棄するのと同じだと考え、知事の要求に抵抗しつづけた。

のちに議会が「防衛のために5万ポンドを支出する」という法案を作成したとき、知事は「一語だけ修正するなら認めてもいい」と言った。もともとの法案は「課税対象は、領主の資産を含む、すべての動産および不動産とする」というものだったが、知事は「領主の資産を含む」を「領主の資産を含まない」に修正することを求めたのだ。

たった一語の修正とはいえ、これでは内容が大きく変わってしまう。植民地議会は以前から、知事の教書と、それに対する議会側の答弁をイギリス本国に伝えていたので、今回の出来事も同じように報告した。

すると、植民地議会を支持していた人たちは、「領主が知事にこのような訓令を出したのは、なんとも卑劣で不当なことだ」と言って領主を批判しはじめた。なかには「領主は植民地の防衛を妨害したのだから、土地に対する権利を失ったようなものだ」という意見もあった。こうした批判を受けて、さすがの領主も動揺し、歳入徴収官に次のような指示を出した。

「今回の件に関しては、植民地議会が支出する金額にかかわらず、そこに領主の金を5000ポンド追加するように」

法案が通る

この知らせを受けた植民地議会は、領主が支出する5000ポンドを「領主が本来支払うはずだった税金」として代わりに受け入れることにして、「領主の資産は課税対象から免除する」という内容の新しい法案をつくった。新たな法案はすぐに可決され、私は集まった6万ポンドの防衛費を管理する委員のひとりに選ばれた。私はこのとき、この法案を作成して通過させるのに力を注ぐ一方で、義勇軍の組織と訓練に関する法案も起草していた。

「クエーカー教徒の参加は強制しない」という文言を入れたおかげで、この法案は問題なく議会を通過した。また、義勇軍を組織するのに必要な組合を立ち上げるにあたって、私は「対話集」を書いて印刷した。

義勇軍に対する反対意見として考えられるものをすべて書き出し、それに対する回答を記載したものだ。この「対話集」のおかげで、多くの人が義勇軍をつくることに賛同してくれた。

第17章

国境の防衛

フィラデルフィアの町と周辺地域でいくつかの中隊が編制され、訓練が行われるようになったころ、モリス知事が私に声をかけてきた。敵軍がよく現れる北西の国境地帯の防衛を私に任せたい、という話だった。知事はその地に兵士を集め、要塞を築くつもりだという。正直、もっと適任の者がいるように思えたが、私は引き受けることにした。知事は私にすべての権限を委譲し、白紙の将校任命状をくれたので、自分の判断で将校にふさわしい者を選ぶことができた。

その後はすんなりと560名の兵士が集まり、息子が私の副官になった。息子はカナダとの戦争で将校を務めていたので、私としてはとても心強かった。要塞は、モラビア教徒たちが開拓したジネデンハットという村に建設することにした。この村は、かつてインディアンに焼き払われ、虐殺が行われた忌まわしい場所だが、立地としては理想的だった。

ジネデンハットへの進軍

ジネデンハットまで進軍するために、まずはモラビア教徒の本拠地であるベスレヘムに中隊を集めた。ベスレヘムは想像以上に防衛態勢が整っていた。ジネデンハットが焼き払われて以来、モラビア教徒たちは襲撃に備えるようになったようだ。

主要な建物には柵が張りめぐらされ、ニューヨークで購入した武器と弾薬が大量に保管されていた。高さのある石造りの家の窓のあたりには、舗装用の小さい石が大量に積んであった。インディアンが攻めてきたときは、女たちが石を投げつけるという。そして、駐屯兵のいる町と同じく、武装した男たちが交代で見張りにあたっていた。

私はスパンゲンバーク主教に、自分がどれほど驚いているかを伝えた。「イギリス本国の法律では、『モラビア教徒は植民地での兵役を免除される』と定められています。ですから、モラビア教徒は何があっても武器をとったりしないのだと思っていました」

するとスパンゲンバーク主教は答えた。

「私たちは、ぜったいに戦わないという信条を掲げているわけではありません。あの法律ができた当時、戦いたくないという意見が多かっただけです。しかしいままでは、戦いを拒む仲間はほとんどいません。かつてのモラビア教徒は、自分に嘘をついたか、あるいはイギリス議会に嘘をついたのでしょう。**ひとつ確かなのは、危険が迫ってきたときは、風変わりな考え方よりも一般論のほうが強い力をもつということです**」

私たちが要塞の建設に着手したのは1月の初めだった。私は北部と南部にそれぞれ分隊を送り、要塞を築くよう指示を出した。自分は残りの兵を連れてジネデンハットに向かい、要塞の建設を監督するつもりだった。モラビア教徒たちは、道具や材料や荷物などを運ぶための荷馬車を5台用意してくれた。

ベスレヘムを出発する直前、インディアンのせいで農園を追われた11人の農民がやってきて、火器を貸してほしいと言った。火器を持って自分たちの農園に戻り、置いてきた家畜を連れ戻したいということだった。私は彼らに小銃と弾薬をあげた。

ジネデンハットに向けて出発してから数マイルと進まないうちに雨が降りはじめた。雨は一日中やまず、近くに雨宿りできるような民家もなかったので、全員ずぶ濡れになってしまった。夜になってようやくドイツ人の家が見つかり、私たちはそこで身を寄せ合って夜を明かした。

進軍中に敵の襲撃を受けなかったのは幸運だった。私たちの武器はふつうの種類のものだったので、雨が降ると濡れて使いものにならなくなるが、インディアンは鉄砲が濡れないように特別な細工をしている。あとになって、先ほど触れた11人の農民のうち10人が、その日のうちにインディアンに殺されていたとわかった。ただひとり生き残った男によると、彼らの小銃も濡れて使えなかったようだ。

ありがたいことに、翌日になると天候が回復した。私たちはふたたび進軍を続け、すっかり荒れ果てたジネデンハットに到着した。テントを持ってこなかったので、製材所のまわりに積んであった板材を使って仮小屋を建て、そこで寒さをしのいだ。私たちが最初に取りかかった仕事は、あちこちで中途半端に埋められた死体を見つけ、きちんと埋葬することだった。

次の日の午前中は、要塞の設計と地取りを行った。要塞の周囲は455フィートと決まっていたので、直径1フィートの杭を455本用意して柵をつくる必要があった。私たちは、70本あった斧を使って木を切りはじめた。みな斧の扱いがうまく、作業は順調に進んだ。

木が次々に倒されていくのを眺めながら、私はふと気になって時間を計ってみた。ふたりの男が松の木を切り倒すのにかかった時間は6分だった。その松の木は直径が14インチあり、そこから長さ18フィートの杭が3本とれた。斧を手にした70人が木を切っているあいだ、ほかの兵士たちは杭を並べるための深さ3フィートの溝を掘った。

また、私たちは5台あった四輪荷馬車の車体をすべて外し、前後を切り離して10台の二輪車をつくり、それぞれの二輪車に2頭ずつ馬をつないで、森から現場まで杭を運んだ。柵が完成すると、次は大工が高さ6フィートの足場を柵の内側につくった。

足場のおかげで、兵士は銃眼から発砲できるようになった。最後に、1門だけもってきていた旋回砲を据えつけ、適当な方向に1発放った。どこかに隠れているかもしれないインディアンへの威嚇のつもりだった。こうして、私たちの要塞（柵を並べただけの場所を要塞と呼べるかはさておき）は完成した。1日おきに激しい雨が降り、やむまでは作業を中断しなければならなかったにもかかわらず、たったの1週間しかかからなかった。

忙しく働くと満たされる

私はこのとき、**「人は忙しく働いているときが最も満たされている」**ことに気がついた。熱心に働いた日は、みんな機嫌がいいし、達成感に包まれながら楽しい夜を過ごせる。反対にきちんと働かなかった日は、誰もがいらだっていて、反抗的になり、食事に出てくる豚肉やパンにまで文句をつけはじめる。そういえば、昔こんな船長がいた。その船長は、船員たちに常になんらかの仕事をさせていた。あるとき、航海士が「思いつく仕事はすべてやらせてしまいました」と言うと、船長はこう答えた。

「それなら錨を磨かせておけ」

要塞は実に簡素なものだったが、大砲をもっていないインディアンの攻撃を防ぐにはじゅうぶんだった。拠点となる場所ができたので、私たちはいくつかの小隊に分かれて周辺を歩いてみることにした。

すると、インディアンと遭遇することはなかったものの、要塞の近くの丘の上に、人が隠れていたと思われる場所がいくつか見つかった。インディアンたちは、丘の上からこちらの動向をうかがっていたようだ。それらの場所には、インディアン特有の細工がしてあった。せっかくだから、どういう細工かをここに記しておきたい。

インディアンの細工

ちょうど季節が冬だったので、インディアンたちは見張りのために暖をとる必要があった。しかし、ふつうに火をおこせば、自分たちが見張っていることがわかってしまう。そこで彼らは、直径が3フィート、深さはもう少しある穴を掘り、そのなかで火をおこした。

その近くの森で、私たちは焼けた丸太が転がっているのを見つけた。丸太の側面の炭は斧で切りとられていた。彼らは、その炭を使って火をおこし、穴の中に足を入れて暖をとったに違いない（インディアンにとって、足を暖めるのは重要なことだった）。穴のまわりの草むらには、インディアンが寝転がっていたと思われる跡が残っていた。

たしかに、このように暖をとれば、自分たちの存在に気づかれることはない。見張りのインディアンの数は多くなかったようだ。たぶん、私たちの人数を見て、勝ち目がないと思って襲撃してこなかったのだろう。

私たちの軍には、熱心な長老教会派のビーティ牧師が同行していた。彼はある日、私のところにやってきて、兵士たちが祈禱や説教にきちんと出席しないことについて文句を言った。だが、兵士たちは朝と夕方にラム酒の支給が行われるときは、かならず時間どおりに受け取りにきた（兵士たちには、給料と食糧だけでなく、1日に4分の1パイントのラム酒を支給することになっていた）。そこで、私はビーティ師に言った。

「でしたら、ラム酒の給仕をなさってはいかがでしょう。聖職者がそんなことをしては、権威を汚すことになるかもしれませんが、**もしあなたがお祈りのあとにラム酒を支給すれば、誰もが時間どおり説教を聞きにくると思われます**」

ビーティ師は私の提案に賛成し、何人かの兵士に酒の量を量るのを手伝ってもらいながら支給役を務めた。結果的に、この試みは非常にうまくいった。それまでは説教に顔を出したこともない兵士たちが、時間どおり出席するようになったのだ。

「兵士を説教に参加させたいのなら、軍規で罰を与えるよりも、こういう方法を用いたほうが効果的だ」というのは、私にとって大きな教訓になった。

フィラデルフィアへ帰る

ジネデンハットでの任務がほとんど終わり、要塞にじゅうぶんな食糧をたくわえたころ、知事から「植民地議会を招集した」という旨の手紙が届いた。これ以上そちらに残っている必要がなさそうなら、帰ってきて植民地議会に出席してほしい、ということだった。議会の友人たちからも「できれば出席してもらえないか」と頼まれていたし、実際のところ、要塞はすでに3つとも完成していて、住民は安心してそれぞれの地で農業に励んでいた。私はフィラデルフィアに帰ることにした。ありがたいことに、インディアンと戦ったことのあるニューイングランドのクラファム大佐が私の代わりに指揮を引き受けてくれることになった。

私はまず、大佐に委任状を渡し、すべての兵士の前でその内容を読み上げてもらったあとで、大佐のことを全員に紹介した。そして「彼は軍隊経験が長いので、指揮官としては私よりずっと優秀だ」と伝え、兵士たちに短い激励の言葉を送ると、その場をあとにした。護衛とともにベスレヘムに戻ると、私は何日かその地で疲れを癒した。ベッドに入った最初の夜はなかなか寝つけなかった。ジネデンハットの仮小屋の床で1、2枚の毛布にくるまって寝るのに慣れていたせいだ。

ベスレヘムに滞在するあいだ、私はモラビア教徒の風習を少し調べてみた。何人かの親切なモラビア数徒が協力してくれたおかげで、彼らのことをいろいろと知ることができた。モラビア教徒は、働いて得たものを共有の財産とみなし、共有の食卓で食事をとり、共有の宿でみんなで寝泊まりしていた。宿の天井のすぐ下には一定の間隔で小さな穴があいていた。おそらく換気のための工夫なのだろう。なかなかいい考えだと思えた。

教会では、オルガンの演奏を中心に、バイオリン、オーボエ、フルート、クラリネットなどの楽器が加わった、すばらしい音楽を聴くことができた。彼らの説教は、老若男女を一堂に集めて行われるのではなく、既婚の男性のみ、既婚の女性のみ、若い男性のみ、若い女性のみ、子どものみ、といったように、特定の聴衆のためだけに行われていた。私が聞いたのは子どものための説教だった。

その日、男の子は若い男性に、女の子は若い女性に連れられて教会に入ってきて、列をつくってベンチに座らされた。説教は子どもでもわかるような内容だった。説教者は、楽しく、親しみやすい口調で、子どもたちによい行いをするよう説いていた。

子どもたちは行儀よく聞いていたが、みんな顔が青白くて不健康そうだった。ずっと家の中で過ごしていて、じゅうぶんな運動をしていないのかもしれない。

くじ引きで結婚相手を決める

モラビア教徒はくじで結婚相手を決めると聞いたことがあったので、私は教徒のひとりに本当なのかと尋ねてみた。すると、くじで相手を決めるのはあくまでも特殊な場合だけだ、という返事が返ってきた。ふつう、結婚したいと思った若者は、まず自分の属する集団の長老に相談する。長老は自分の集団にいる若者の性格をよく知っているので、同じ集団にいるどの異性が結婚相手にふさわしいかを判断できると考えられていた。

だが、たとえばひとりの男にふさわしい女性が複数人いて、ひとりの女性を選ぶことができない場合もある。そういうときは、くじ引きで相手が決められるということだった。

「お互いの意思で相手を選ばないとなると、結婚生活がうまくいかない場合もあるでしょう」と私が言うと、話をしてくれたモラビア教徒は答えた。

「お互いの意思で相手を選んでも、結婚生活がうまくいかないことはあります」

たしかにそのとおりなので、私には何も言い返せなかった。

相手に花を持たせる

義勇軍の組合は順調に大きくなっているようだった。クエーカー教徒を除くほとんどの住民が組合に加入し、自分たちで中隊をつくり、新しい法律に従って大尉と中尉と少尉を選んでいた。あるとき、ボンド博士が私を訪ねてきて、「住民が義勇軍を支持するようになったのは自分の働きのおかげだ」といったことを口にした。正直、私としては「対話集」が何よりも役立ったという自負があったが、彼の言い分を認めることにした。**こういうときは、多少納得がいかなくても、相手を立てておいたほうが都合がいい。**

将校たちが私を連隊長に指名したので、私は引き受けることに決めた。中隊の数は忘れてしまったが、頼もしそうな1200人の兵士と、6門の真鍮製野砲を備えた砲兵一個中隊の視察に赴いたときのことはよく覚えている。砲兵は野砲の扱いに熟達していて、1分間に12回も発砲できた。初めての視察のあと、砲兵たちは私を家まで送ってから、玄関の前で野砲を何発か放った。

彼らなりの敬礼だったようだが、すさまじい衝撃のせいで、家に置いてあった電気の実験装置が棚から落ちてガラスの部分が壊れてしまった。そして、私の連隊長の地位もこのガラスのようにあっけなく終わりを告げた。イギリス本国でこの法律が廃止され、義勇軍が解体されることになったのだ。

私が連隊長だった短い期間にこんな出来事があった。私がバージニアに向かうために馬に乗ったとき、30～40人の将校たちがやってきて、私を町のはずれまで護衛すると言った。将校はみな、制服を着て馬に乗っていた。私は仰々しいことが好きではないので、事前に彼らの計画を知っていたら間違いなくやめさせていただろう。だが、いまさら断るわけにもいかず、しかたなく彼らが護衛につくことを承諾した。困ったことに、将校たちは私に敬意を表して、剣を抜いたまま馬を走らせた。領主や知事に対しても、このような護衛がついたことはない。

あとでこのことを知った領主はおおいに怒り、「そのような行為は、王族にのみ行われるべきことだ」と言った。私は昔から礼儀作法に詳しくないが、おそらく領主の言うとおりなのだろう。

領主はもともと私に恨みを抱いていたが（私が「領主の土地を課税対象から除外する」ことに反対しつづけていたせいだ）、このくだらない出来事を経てますます憎しみをつのらせるようになった。だが私としても、税金のことは卑劣な不正行為だと思っていたので、領主への非難をやめるつもりはなかった。あるとき領主は、「フランクリンが植民地議会で勢力をふるい、住民から税金を徴収する法案を通過させないせいで、国王陛下に思うように忠誠を尽くせません」と大臣に訴えた。

そして、私が将校たちと仰々しい行進をしたことを引き合いに出し、「あの男は、武力を行使してこの植民地の実権を握るつもりです」とまで言った。さらに、郵政長官のエベラード・フォークナー卿に頼んで私を議会から追い出そうとする始末だった（エベラード卿はその要求には応じず、反対に領主をたしなめた）。

モリス知事との交流

モリス知事と植民地議会との争いは相変わらず続いていた。私は議員としてその争いの中心にいたが、個人的には知事と親しく付き合っていた。知事は、教書に対する回答を起草するのが私だと知っていたが、私個人のことは少しも恨んでいなかった。かつて法律家だったモリス知事は、自分を「領主側の弁護士」、私を「植民地議会側くれた。

の弁護士」とでも見なしていたのかもしれない。そういうわけで、むずかしい問題が持ち上がると、知事はよく私のところに相談にきたし、ときどきは私の忠告に従ってくれた。

モリス知事は、ブラドック将軍の軍隊のために食糧を調達するときも熱心に協力してくれた。将軍が敗北したという知らせが入ってくると、知事はすぐに私のところに使いを送り、奥地への進軍について意見を求めてきた。私はたしか、「ダンバー大佐に手紙を書いて、国境に大佐の軍を配置してもらうよう頼み、各植民地から援軍が届きしだい進軍してはどうか」といった忠告をしたと思う。私が国境の警備から帰ってきたとき、ダンバー大佐とその部下は別の任務に就いていた。そこで知事は、デュケイン要塞攻略のために、植民地軍の司令官の役を私に任せたいと言った。

正直、私に軍を率いる能力などなく、知事も本気で私に司令官を任せるつもりはなかったはずだ。しかし、私の人望があれば多くの兵士が集まるだろうし、議員の権力を使って、領主から税金を徴収することなく議会から軍事費を引き出せる。結局、私があまり乗り気じゃないとわかると、知事はこの計画を中止した。その後まもなく彼は知事をやめ、デニー大尉がそのあとを継いだ。

第18章 科学実験の功績

私が新たな知事のもとで活躍した話をする前に、科学の分野で名声を得た経緯を説明しておこう。

1746年、私はボストンでスペンス博士という人に会い、電気を使った実験を見せてもらった。博士はスコットランドからこちらに来たばかりだった。まだ慣れていなかったのか、実験は完全に成功したとはいえなかったが、私はこの新しい発見に驚き、同時に胸が躍った。

フィラデルフィアに戻って少し経ったころ、ロンドンのイギリス王立協会会員のピーター・コリンソン氏が、私たちの会員制図書館にガラス管を1本と電気の実験に使う説明書を寄贈してくれた。

せっかくなので、私はボストンで見た実験をまねてみることにした。その後、何度も繰り返すうちに、説明書に書かれている実験はすべて覚え、独自の実験も試せるようになった。何度も繰り返すことになったのは、私の実験を見せてほしいとせがむ人があとを絶たなかったからだ。

稲妻と電気の実験の大成功

ひとりですべての見物人に対応するのは大変なので、私は友人に実験のやり方を教えて負担を分散させようと考えた。さっそく町のガラス工場で同じようなガラス管をつくってもらい、何人かの友人に渡したところ、何人かがやり方を覚えてくれた。なかでも、最もうまくできるようになったのは、近所に住むキナズリー氏だった。彼はもともと器用な男で、ちょうど失業中だったので、私は実験を見せて金をとってはどうかと勧め、2冊の説明書を書いて渡した。

ひとつの実験を終えたら次の実験も理解できるようになる、という内容にするために、説明書には基礎的な実験から順番に掲載した。やがてキナズリー氏は実験に使う立派な機械を手に入れ（私が使っていたのは自家製の機械だったが、彼のは専門家がつくったものだった)、多くの人の前で実験を行った。見物客はみな満足して帰っていった。まもなく彼は、各植民地をまわる巡業の旅に出て、それぞれの首都で実験を行ってかなりの金を稼いだ。ただし、湿度の高い西インド諸島では思うように実験ができなかったようだ。

私はコリンソン氏に手紙を書き、実験がうまくいったことを伝えた。彼が贈ってくれたガラス管のおかげで実験ができたのだから、結果を報告するのが筋だと思ったのだ。手紙を読んだコリンソン氏は、その内容をイギリス王立協会で発表したが、あまり注目されず、王立協会の会報に掲載されることもなかった。

さらに私は、「稲妻は電気と同一のものである」と証明する論文も書き、以前から付き合いのある王立協会の会員のミッチェル博士に送っていた(もともとはキナズリー氏のために書いた論文だ)。

のちに博士から届いた手紙には、「きみの論文を発表したところ、専門家たちに鼻で笑われてしまった」と書いてあった。一方、フォザギル博士にも見せたところ、彼は興味を示し、「学術的に価値がある論文だから、葬ってしまうのはもったいない。ぜひとも出版すべきだ」と言ってくれた。

フォザギル博士の意見を聞いて、コリンソン氏は私の論文を『ジェントルメンズ・マガジン』誌のケイブ編集長に渡し、掲載してほしいと頼んだようだが、ケイブは雑誌に載せるのではなく単独のパンフレットとして出版したほうが儲かると考えた。彼の判断は正しかった。結果的に、私が追加で書いた原稿とフォザギル博士が書いた序文も加わって、この論文は四つ折り判の本になり、第5版まで出版された。私は印税を受け取っていないので、ケイブはずいぶん儲けたことだろう。

フランス科学者との確執

とはいえ、私の論文がイギリスで評価されたのは少し経ってからだった。あるとき、論文のひとつが、フランスだけでなくヨーロッパ全土で名を知られるビュフォン伯爵の目にとまった。伯爵は、植物学者のダリバール氏に頼んで私の論文をフランス語に訳させてから、パリで出版した。しかし、王室で自然科学を教え、さまざまな科学実験で実績を残しているノレ師は、私の論文を読むとおおいに腹を立てた。当時のパリでは、電気に関する理論といえば、彼が発表したものが最も一般的だったからだ。

ノレ師は最初、新たな学説を打ち立てたのがアメリカ人だとは信じず、パリにいる同業者の誰かが自分の理論にけちをつけるためにでたらめな理論をでっちあげたと考えた。だがやがて、本当にフィラデルフィアにいるフランクリンという人物が書いたのだとわかると、彼は今度は私の理論を否定しようと躍起になり、私に宛てた手紙を何通も書いて世間に発表しはじめた（「正しいのは自分の理論であり、おまえの実験もそこから導き出される結論も完全に間違っている」といった内容だ）。それらの手紙をすべて集めれば、本1冊ぶんにはなりそうだった。

私は一度、ノレ師に手紙を書こうとしたのだが、思い直して途中で筆をおいた。私の論文には実験の内容が書かれているので、正しいかどうかは読者が自分で判断できる。もし読者が正しいと証明できないようなら、そもそも擁護する価値もない論文だったということになる。また、私は単に自分が行った実験の結果を書いているだけで、自分の理論を強引に押しつけているわけでもないのだから、わざわざ弁解する必要もないのだ。

それに、私とノレ師は母国語が違うので、争ったところで誤訳や誤解のせいで泥仕合になるのは目に見えていた。実際、ノレ師から届いた手紙の1通は、フランス語訳の間違いが原因で書かれたものだった。そして何より、せっかく公務以外のことをするなら、すでに終わった実験のことであれこれ論争するよりも、新しい実験をしてみたいという気持ちのほうが強かった。

そういうわけで、私はノレ師には一度も返事を書かなかった。その判断は間違っていなかったようだ。まもなく、フランス王立科学協会会員である友人のル・ロワ氏が、私の説を支持し、ノレ師の説に異論を唱えてくれた。その後、私の著書はイタリア語、ドイツ語、ラテン語に翻訳され、ヨーロッパ中の学者に受け入れられるようになった。一方、ノレ師の理論を支持する人は、教え子であるパリのB氏だけになってしまった。

フィラデルフィア・エクスペリメント

私の著書が広く認められた理由は、「雲のなかから稲妻を取り出す」という実験をダリバール氏とド・ロル氏がフランスのマルリで実際に行い、みごとに成功したからだ。これがきっかけとなり、世間はこの実験に注目するようになった。ド・ロル氏は、物理学の機械装置を所有し、多くの人の前で講義を行っている有名人だった。

彼はこの実験を「フィラデルフィア・エクスペリメント（実験）」と名づけ、あらゆる場所で繰り返し実演した。国王や貴族に見せてからは、パリ中に噂が広まり、私が実験を披露するときは多くの人が押しかけてくるようになった。稲妻の実験のこと、その後フィラデルフィアで行った凧を使った実験（この実験が成功したことは本当にうれしかった）のことは、とりあえずこれ以上は書かないでおく。詳しく知りたい人は、電気の歴史を調べてほしい。

イギリス王立協会の賞賛

イギリス人医師であるライト博士は、パリにいるイギリス王立協会会員の友人にこんな手紙を書いた。

「フランクリン氏の実験は、外国では高く評価されているが、なぜイギリスではそこまで注目されないのだろう？」

ライト博士の手紙を受け取った王立協会は、かつて私が送った手紙についてふたたび検討することにした。

まずは高名なワトソン博士が、ライト博士の手紙と、ライト博士に続いて私が王立協会に送った手紙の内容をまとめ、そこに私を賞賛する言葉を書き加えて資料をつくった。

その資料は王立協会の会報に掲載された。その後、ロンドン在住の何人かの会員（筆頭は器用さで知られるカントン博士だった）が、尖った金属棒を使って雲のなかから稲妻を取り出す実験を行い、無事に成功した。実験が成功したとわかると、王立協会は過去に私の手紙を笑い飛ばしたことを詫び、じゅうぶんすぎる償いをしてくれた。私を会員に推薦し（私から頼んだわけではない）、通常なら25ギニーはかかる年会費を免除し、無料で会報を送ってくれるようになったのだ。

そのうえ私は、1753年度の「サー・ゴッドフリー・コプリ・メダル」と、会長のマクルスフィールド卿の祝辞を贈られた。このうえなく名誉なことだった。

第19章　ペンシルベニア代表としてロンドンへ

モリス氏に代わって知事に就任したデニー大尉は、イギリス王立協会からコプリ・メダルを預かってきて、公式の歓迎会の席で私に手渡してくれた。彼は私のことをずいぶん前から知っていたようで、丁重なあいさつとともに私に敬意を表してきた。食事のあと、当時のならわしに従ってみんなで酒を飲みながら談笑していると、デニー知事は私を別室に連れて行ってこんなことを言った。

「実は、イギリスにいる友人から、あなたと仲良くするよう忠告を受けました。知事の仕事をうまく進めるためには、あなたに相談すべきだと。だから、あなたとはお互いに理解し合いたいと思っていますし、私にできることがあればなんでもすると約束します」

そして、「領主は領主なりにこの植民地のことを考えている」とか「領主のやり方に反対するのをやめれば、植民地のすべての住民、とくにあなたは大きな利益を得られる」とか「和解には何よりもあなたの力が必要だ」とか「和解のために力を尽くせば、あなたには相応の見返りが与えられる」といったことを口にした。酒を飲んでいた人たちは、私たちがいつまで経っても戻ってこないことに気づき、マディラ酒を1本届けてくれた。デニー知事は少しずつ酔いはじめ、私への頼み事や約束事がだんだん増えていった。

デニー知事の要求に対し、私はこう答えた。

「私は神の御恵みを受けているので、領主からひいきにされなくてもじゅうぶんやっていけます。それに、私は植民地議会の一員です。ひとりだけ特別扱いされるわけにはいかないのです。とはいえ、私は領主に対して個人的な恨みを抱いているわけではありません。領主が住民の利益になる政策を提案してくれるなら、率先して支持するつもりです。私がこれまで反抗してきたのは、領主がいつも、住民の利益を無視して自分の利益ばかり守ろうとしているのが明らかだったからです。あなたがこうして私を頼ってくださったことは感謝していますし、私としても、あなたの任務が円滑に進むよう、できるかぎりのことはしたいと思います。そして同時に、モリス知事の枷となっていたあの不幸な訓令をあなたがもっていないことを願っております」

デニー知事との親交

このとき、デニー知事は訓令のことは何も言わなかった。だが、のちに植民地議会との交渉が始まると、彼はモリス氏と同じように訓令を持ち出して論争をしかけてきた。私も以前と同じように、議会の側に立って闘った。訓令に関する領主の説明を求める文章や、訓令を批判する文章を書いたりもした。それらの文章は、当時の議事録と、のちに私が出版した『歴史論評』のなかに残っているはずだ。

だが、私とデニー知事は個人的にはわりあい仲がよく、ふたりで一緒に過ごすことも少なくなかった。彼は教養があり、世事に通じていて、話もおもしろかった。

彼は、私の旧友のジェームズ・ラルフがまだ生きていて、イギリスで政治評論家として活躍していることを教えてくれた。

ラルフは、フレデリック皇太子と国王の論争で手腕を発揮したことで、年間300ポンドを支給されていた。詩人としての名声は得られなかったが（ポープが『愚物列伝』のなかでラルフの詩を酷評したからだ)、散文家としては一流だと認められているようだ。

領主の訓令は、住民の権利を無視するだけにとどまらず、国王の意思にまで背くものだった。植民地議会が「国王のご用のため」という名目で6万ポンドを支出する法案を知事に送ったときも(このうち1万ポンドは当時の将軍であるラウドン卿が自由に使えることになっていた)、「領主の所有地は課税対象から外す」と明記されていなかったために、知事がその法案を通過させなかった。

しかも領主は、防衛費のために支払うと約束した5000ポンドも植民地から取り立てようとしていた。植民地議会はとうとう国王に直訴することを決め、何人かの委員をイギリスに派遣することになった。委員の代表に任命されたのは私だった。

ラウドン将軍の反対

私は、ニューヨークに停泊していた郵便船のモリス船長に約束を取りつけ、イギリスまで乗せてもらうことにした。だが、食糧を船に積み込んだあと、ラウドン将軍が急遽フィラデルフィアにやってきた。どうやら、知事と植民地議会の争いが国王への忠勤の妨げにならないように、調停役としてこの地を訪れたようだ。知事の言い分と議会の言い分を聞かせてもらいたい、とラウドン将軍が言ったので、私たちは顔を合わせて例の法案について論じ合った。

私は、植民地議会の言い分が正しいと認めてもらうために、当時の公報に掲載されていた問題点をすべて挙げて自分の考えを主張した（それらの問題点も私が書いたもので、議会の議事録と一緒に印刷されていた）。

一方で知事は、自分の立場を主張し、「訓令を守ることは自分の義務であり、もし違反すればたちまち破滅に追いやられる」と言った。ただし、「将軍の命令とあらば、訓令に背くことを考えてもいい」と暗に示していた。将軍は最初、私に味方するかのように思えたが、最終的には知事の側に立ち、「植民地議会側が譲歩したまえ」と命じた。

「ほかの議員たちの説得はきみに任せよう。それから、私は国境防衛のために国王の軍隊を派遣することには反対していない。しかし、防衛費用はこれまでどおりきみたちが負担すべきだ。もしその費用を惜しむのであれば、国境は危険にさらされたまま放置されることになるだろう」

私はラウドン将軍の言葉を植民地議会に伝えてから、いくつかの決議文を起草した。それらの草案には、「自分たち住民にも権利が与えられている」「自分たちは権利を放棄したわけではなく、不当な圧力を受けて権利の行使を保留したにすぎない」「こうした圧力に対して、自分たちは強く反対している」といったことをはっきり記した。

その後、ほかの議員たちも最初の法案を廃棄することに同意し、まもなく領主の訓令に従った新しい法案が作成され、デニー知事はその新たな法案を通過させた。こうして、ようやく私たちはイギリスに出発できるようになったのだが、郵便船はすでに私が積んだ食糧とともに出港していた。おかげでかなりの損失をこうむったが、代わりに私が得たものは、ラウドン将軍からの簡単なお礼の言葉だけだった。知事との話がまとまったことは将軍の功績ということになった。

ラウドン将軍は私より先にニューヨークに向かっていた。将軍の話では、ニューヨークには2艘の郵便船が停泊していて、そのうちの1艘はまもなく出港するということだった(出港日時は彼が決めることになっていた)。乗り遅れるのはごめんだったので、私が正確な時刻を尋ねたところ、彼は答えた。

「表向きは次の日曜日に出港することになっているが、本当は月曜の朝までなら待てる。だから、それまでにはなんとか来てほしい」

しかし、ニューヨークに向かう連絡船にちょっとした事故があり、港に着いたときには月曜の昼をまわっていた。その日は風向きもよかったので、すでに出港してしまったに違いないと思ったが、予想に反して船はまだ港にいた。結局、出港は翌日に延期されたようだ。だが、私は無事にヨーロッパに向かったわけではなかった。当時の私は知らなかったが、ラウドン将軍には「驚くほど優柔不断」という欠点があった。

なかなか出ない船

彼がもたもたしていたせいで、私は実に2か月以上もニューヨークで待たされる羽目になった(私がニューヨークに着いたのは4月の初めだが、出港したのは6月の終わりごろだ)。このとき、ニューヨークの港には2艘の郵便船が長いあいだ待機させられていて、どちらも将軍が何通かの手紙を書き終わったらすぐに出港できるよう準備を整えていた。

しかし結局、ラウドン将軍は「あと1日だけ待ってほしい」と言って何度も出港を延期し、そのうちにもう1艘の郵便船も到着した。まもなく4艘目も到着するという話だった。

私たちの乗る船が最も長く停泊していたので、順番的には私たちが最初に出港するはずだった。だが、ほかの船の乗客もいいかげん待ちくたびれていて、なかにはひどくいらだっている乗客もいた。商人たちは、自分たちの手紙のことや、積荷にかけた保険（戦時中だったので、誰もが積荷に保険をかけていた）のことで気が気ではなかったのだ。

だが、彼らがいくら焦ろうと、ラウドン将軍が手紙を書き終えることはなかった。四六時中ペンを持って机に向かう彼を見て、私たちはこう考えた。

「きっと、何がなんでも書かなければならない手紙が山のようにあるのだろう」と。


ある朝、私は応援の言葉をかけようとラウドン将軍のもとに向かった。すると、控え室でフィラデルフィアからきた使者と顔を合わせた。その使者はイニスという名で、デニー知事から将軍に宛てた手紙をはじめ、何通かの手紙を届けにはるばるやってきたのだという。彼が持ってきた手紙のなかには、フィラデルフィアにいる私の友人からの手紙もあった。

私はイニスに、いつ帰るのか、いまはどこに泊まっているのか、と尋ねてみた。せっかくなので、私の返事を持って帰ってもらおうと思ったのだ。

「明日の朝9時に、将軍から知事への返事を受け取ることになっています。手紙を受け取ったらすぐに帰る予定です」とイニスが答えたので、私はその日のうちに友人への返事を書いて彼に渡しておいた。

ラウドン将軍の解任

ところが2週間後、私はまたもや控え室でイニスに会った。ずいぶん早く戻ってきましたね、と私が言うと、彼は答えた。

「いえ、こっちに戻ってきたわけではありません。向こうに帰ってないんです。この2週間、毎朝欠かさず将軍のところに手紙を受け取りに来ているんですが……まだ書き終わらないみたいです」

「そんなはずはないでしょう。将軍はいつも、熱心に机に向かって何かを書いていますよ」

「ええ、机に向かっているのは確かです。ですが、将軍はセント・ジョージの絵と同じようなものです。いつ見ても馬に乗っていますが、絶対に走り出さないんですよ」

イニスの表現は実に的を射ていた。結局、ロンドンに着いたあと、ピット首相はラウドン将軍を解任し、代わりにアマースト将軍とウルフ将軍をアメリカに派遣した。その理由のひとつは、「ラウドン将軍はまったく手紙をよこさないので、どこで何をしているのかさっぱりわからないから」だという。

出港を待っていたある日、郵便船が3艘ともニュージャージーのサンディ・フックに移動し、そこに停泊していた艦隊と合流した。乗客は、「急に出港の命令が出て、取り残されたりしたら大変だ」と考え、船に乗り込んで待つことにした。たしか6週間ほど船の上で過ごしたと思う。船に積んであった食糧を食べ尽くし、新たに買い込まなければならなくなった。あとで、艦隊はラウドン将軍と彼の兵士たちを乗せてルイスバーグに向かった。

目的は、ルイスバーグの要塞に総攻撃をかけて占領することだ。3艘の郵便船も、将軍が緊急の手紙を書いたらすぐに受け取れるように近くで待機することを命じられた。ルイスバーグで5日間待機したのち、私たちはついに1通の手紙と出航許可証を受け取り、艦隊を離れてイギリスに向かうことができた。あとの2艘の郵便船は、ラウドン将軍とともにハリファックスに連れて行かれた。

その後、将軍はしばらくハリファックスにとどまり、要塞への攻撃を想定した演習に励んだ。だがやがて、ルイスバーグ攻略という当初の目標をあきらめ、兵士たちと

2艘の郵便船を連れてニューヨークに引き返した。将軍が艦隊とともに本土を離れているあいだに、フランス軍とインディアンは国境にあるジョージ要塞を攻め落としていた。降伏した駐屯兵の多くは、インディアンにむごたらしく殺されてしまった。

のちに私は、このとき郵便船の船長を務めていたボネル氏とロンドンで会った（私が乗っていた船ではなく、あとに残った2艘のうちの片方の船長だ）。ボネル船長の話によると、ニューヨークに戻ったあと、彼らはさらに1か月も待機させられたという。そのうち、海草や貝が船底にびっしりと付着してしまった。速度を何よりも重視する郵便船にとっては致命的だ。

船長は将軍に事情を説明し、「船をひっくり返して掃除させてください」と頼んだ。掃除にはどれくらい時間がかかるのか、と将軍に聞かれたので、船長は「3日ほどいただきたいと思います」と答えた。すると、将軍は首を横に振った。「1日だけなら認めるが、それ以上は待てない。明後日には出港すると決めているからだ」。船長はしかたなく掃除するのをあきらめた。

しかし、いつまで経っても出港の命令は出ず、結局ニューヨークを発ったのはそれから3か月後だったという。

私は、ボネル船長の船に乗っていた客のひとりともロンドンで話をした。その乗客は、ラウドン将軍の行動にかなり腹を立てていた。

「私たちに嘘をついてニューヨークに引き止めたあげく、ハリファックスにまで無理やり連れていって、また戻ってくるなんて……。訴訟を起こして損害賠償を請求しないと気がすみませんよ」

その乗客が本当に訴訟を起こしたかどうかはわからない。だが、彼がこうむった商売上の損害は相当なものだったようだ。

人の上に立つのはその方法を知っている人

こうしたすべての話を総合してみると、なぜラウドンのような無能な男が指揮官という大役を任されたのかと首をかしげずにはいられなかった。だが、世間の荒波にもまれるうちに、少しずつその理由がわかってきた。

人の上に立つのは、器量や人徳を備えた人物ではなく、地位を手にする方法、地位を与えられる方法を知っている人物なのだ。

ブラドック将軍の死後に指揮官を務めたシャーリー将軍が、1757年においてもその地位にとどまっていたら、ラウドン将軍よりずっとうまく戦ったことだろう。
ラウドン将軍の戦争の仕方は、何から何まで軽率で、費用だけがかさみ、わが国の名誉を信じられないほど傷つけた。一方、シャーリー将軍は職業軍人ではなかったが、分別があり、頭の回転も速かった。他人からためになる忠告を受けたときは真摯に耳を傾けたし、すぐれた計画を立てて即座に実行に移す能力も備えていた。

ラウドン将軍は、大軍を率いていたにもかかわらず、植民地の防衛を放棄してハリファックスで無意味な演習に明け暮れ、そのせいでジョージ要塞は敵の手にわたってしまった。また、長いあいだ食料の輸出を禁止して商人たちを苦境に追いやったことで、貿易に壊滅的な打撃を与えてもいた。表向きには「敵に物資を奪われないために輸出を禁じた」ということになっていたが、実際は違ったのだろう。

あくまでも噂だが、「ラウドン将軍は、軍の利益になるように食料品の価格を下落させ、その利益の一部を受け取っていた」と言われている。最終的に彼はこの禁止令を解いたが、チャールストンにそのことを報告しなかったので、カロライナの艦隊はさらに3か月近く港に足止めされることになった。そのあいだに虫に船底を食い荒らされ、イギリスに帰る途中で大半の船が沈没してしまった。

職業軍人ではないシャーリー氏は、軍隊の指揮という面倒な任務から解放されたとき、さぞかし喜んだに違いない。ラウドンが指揮官の座を引き継ぐことが決まると、ニューヨーク市が彼の就任式を主催し、私も招待された。その日に解任されるシャーリー氏も当然出席していた。会場には、将校とニューヨーク市民に加え、遠方から来た人たちも大勢集まっていたので、椅子の数が足りなくなってしまった。主催者たちはあわてて近所から借りてきたが、なかには低い椅子が1脚だけ交じっていて、運悪くシャーリー氏がその椅子に座ることになった。私はシャーリー氏と席が近かったので、彼に声をかけた。

「まったく、あなたをそんなに低い椅子に座らせるなんて……どういうつもりでしょう」すると、シャーリー氏は答えた。

「いやいや、私はこれでかまわんのです。低い椅子ほど気楽なものはありませんから」

支払いも遅れる

ニューヨークに引き止められているあいだに、私はようやく、かつてブラドック将軍のために調達した食糧品などの計算書をすべて手元にそろえた。計算のために多くの人を雇ったのだが、計算がなかなか終わらない人もいて、結果的にかなりの時間がかかってしまったのだ。

私は計算書の束をラウドン将軍に渡し、残額を支払ってほしいと言った。彼は規則に従い、計算書を部下に渡して内容を調べさせた。その部下は品目と金額を突き合わせ、それらが正しいことを確かめると、「フランクリン氏の請求どおりの金額を支払う必要があります」と将軍に伝えた。

将軍は、会計担当者に宛てた支払命令書を発行すると言ってくれた。しかし、その後は思うように進まなかった。私は何度も約束を取りつけて彼を催促したが、そのたびに「もう少し待ってくれ」と言われるばかりだった。やがて、私がイギリスに発つときがくると、彼はこう言った。

「いろいろ考えてみたんだが、自分の会計と前任者の会計を混同するというのはやはり変な話だ。だから、イギリスの財務省に計算書を提出してもらえないだろうか。そうすれば、すぐに支払ってもらえるだろう」

それを聞いて、私は思わず言い返した。

「お言葉ですが、私も困っているのです。長いあいだニューヨークに留まっていたために、想定外の出費がかさんでしまいましたから。なんとか、この場で支払ってもらうわけにはいきませんか」

だが、そっけなくあしらわれたので、私はさらに続けた。

「この件に関して、私は手数料を取って儲けたわけではありません。純粋な好意からお金を立て替えただけです。貸したお金を返してもらうのに、こんなふうに面倒なことになったり、延々と待たされたりするのは、さすがに理不尽ではないでしょうか」

すると、ラウドン将軍は答えた。

「あいにくだが、『手数料を取っていない』なんて言われても信じることはできない。軍隊に物資を提供する人は、なんらかのかたちで自分の懐を肥やしているものだ。そのことは、私たちがいちばんよくわかっている」

私は、自分はそんなことはしていない、びた一文だって儲けるつもりはないと言い張ったが、将軍は信じてくれなかった。


あとで知ったことだが、こういう仕事を通じて莫大な資産をつくる人はたしかに大勢いるようだ。結局、このときのお金はいまだに支払われていない。

船積みの仕方で船の速度も変わる

私たちが乗った郵便船の船長は、ニューヨークで待機しているときから、「この船は、速さじゃどの船にも負けませんよ」と誇らしげに言っていた。しかし、いざ出港すると、帆を96本も張っているというのに少しも速度が出なかった。あのときの船長の愕然とした顔は忘れられない。のんびり進んでいる船にさえ追い越されてしまうので、船長は何か原因があるのではないかと考えをめぐらせ、ついにある結論に至った。

彼は船員と乗客を船尾のほうに集め、できるだけ船旗の近くに寄るよう指示を出した。船に乗っていた40人全員が言われたとおりにすると、速度が急に上がり、あっという間にさっき追い越していった船よりも前に出た。船長の考えは正しかった。速度が出なかったのは、船首のほうに重心が偏りすぎていたせいだったのだ。船長が、船首に積んであった水入りの樽を船尾のほうに移動させたことで、船は本来の速度を取り戻すことができた。

「この船は平均13ノット、つまり時速13マイルの速度を出したことがあるんです」と船長は言った。乗客のなかにはイギリス海軍のケネディ大佐がいたが、彼は船長の話を信じなかった。

「ありえない話だ。そんな速度を出した船など聞いたことがない。測定器が故障していたか、あるいは測定器の使い方が間違っていたのだろう」と大佐は言った。

そのうち船長と大佐は賭けをすることにした。追い風の日に船の速度を測り、どちらの言い分が正しいかをはっきりさせようというのだ。ケネディ大佐は、まず測定器が壊れていないかを調べた。そして、測定器そのものに問題はないとわかると、大佐は自分で計測することにした。

数日後、少し強風ではあったものの、理想的な風向きの日がやってきた。船長のラットウィッジ氏が「今日は13ノットの速度で走ってるはずです」と言ったので、ケネディ大佐は測定器をもってきて計測した。結果的に、大佐は自分の負けを認めることとなった。

この話をしたのは、次のことを伝えたかったからだ。新しい船の性能は、実際に航海に出てみないとわからない。このことは、造船技術の問題点のひとつだと言われている。速力のある船と同じ設計図を使って新しい船をつくっても、いざ海に出てみるとまったく速度が出ないということもある。おそらく、荷物の積み方、船の設備、操縦方法といったことに関して、船員の考え方がそれぞれ異なっているからだろう。船員はみな、自分なりのやり方をもっている。積荷の指示を出す人が替われば、同じ船でも遅くなったり速くなったりするというわけだ。

また、船の設計、設備の取りつけ、そして操縦のすべてをひとりの人間が担当することはほとんどない。たいていの場合、設計者と設備担当者と操縦者は別の人であり、それぞれがお互いの領域には踏み込もうとしない。つまり、船のすべてを理解し、全体を俯瞰して正しい判断ができる人がどこにもいないのだ。

私が聞いた話では、帆の操作という単純なことであっても、人によって指示の内容が異なるようだ。帆をどれだけしぼるか、あるいはどれだけ広げるかについて、はっきりした決まりはないという。私は思うのだが、どうすれば船が最高速度を出せるかを明確にすべきではないだろうか。

まずは船体のかたち、次にマストの大きさと位置、それから帆の型、数、風を受ける角度、最後に荷物の積み方、というように、船の速度が上がる条件をひとつずつ調べていくのがいいだろう。

いまは実験の時代だ。一連の実験を正確に行い、それぞれの結果を合わせれば、大きな進歩につながるはずだ。近い将来、優秀な学者がそういう実験を行ってくれるに違いない。その人の成功を心から願っている。

航海中、私たちは何度か敵船に追いかけられたが、そのたびになんとか逃げ切った。そして出港から30日後には、ついに測深可能な海域まで辿り着いた。船長は、慎重に位置を測定してからこう言った。

「もう少しで目的地のファルマス港に着く。夜のうちに飛ばせば、明け方には港の入口あたりに出られるだろう。それに夜なら、イギリス海峡の入口付近に出没する敵の私掠船にも見つからずにすむ」

船長はありったけの帆を張り、全速力で港を目指した。風の強い夜だったが、ありがたいことに追い風だった。船長は、シリー諸島の暗礁を避けるように針路をとった。だが、セント・ジョージ海峡では、内陸に向かって流れる激しい潮流が発生することがあり、それまでにも多くの船乗りが大変な目に遭ってきた(かつてクラウズリー・シャベル卿の艦隊が難破したのもこのためだ)。私たちの船に襲いかかった災難も、おそらくこの潮流がもたらしたものだったのだろう。

灯台の灯で座礁を免れる

私たちの船の船首には見張りが配置されていた。船員たちは何度も「前方をよく見ておけよ」と見張りの男に声をかけ、男もそのたびに「あいよ」と返事をしていた。だが、同じようなやりとりを続けていると、人は機械的に返事をするようになる。この男はきっと、目を閉じて半分眠っていたのだろう。なにしろ、目の前に明かりが現れたことに気づかなかったのだから。その明かりは補助帆の陰になっていて、舵を取っている男からも、ほかの見張りたちからも見えなかった。

だが、たまたま船が大きく揺れたことで、何人かが明かりの存在に気づき、船内はたちまち大騒ぎになった。私には、その明かりは荷車の車輪ぐらいの大きさに見えた。時刻は真夜中で、船長はぐっすり眠っていたが、ケネディ大佐が甲板に飛び出してきた。

状況を把握した大佐は、「帆をすべて張ったまま、船首を反対側に向けるんだ」と指示を出した。マストに負担のかかる方法ではあったが、おかげで私たちは衝突を避け、難破を免れた。あのまま進んでいたら、船は灯台が建っている岩にまっすぐ乗り上げていただろう。私はこのとき、灯台がどれほど重要なものかを身をもって実感した。そして、無事にアメリカに戻れたら、アメリカにもっと多くの灯台を建設するために力を注ごうと決意した。

明け方になって水深を調べたところ、すでに港の近くにいることがわかったが、濃霧のせいで陸地が見えなかった。しかし9時ごろ、劇場の幕が上がるように霧が晴れはじめ、ファルマスの町、港に停泊する船、周囲の畑などが少しずつ姿を現していった。数週間、単調な大海原だけを眺めていた私たちにとっては、本当にすばらしい光景だった。

また、戦時中だったので、無事に航海を終えられるかと気が気でなかったが、ようやくその不安からも解放された。安堵の気持ちも合わさって、私たちは目の前に広がる光景に心から喜んだ。

ロンドンに到着

上陸すると、私は息子とともにロンドンに向かった。途中、ソールズベリー平原にあるストーンヘンジ［先史時代の巨石遺跡］を見て、ウィルトンの町でペンブルック卿（めずらしい骨董品の蒐集家として有名だった）の邸宅と庭園を見物したのち、私たちは1757年7月27日にロンドンに到着した。

私はまず、チャールズ氏が用意してくれた宿に落ち着き、その後すぐにフォザギル博士を訪ねた。博士に会い、今後の行動について相談するようまわりから勧められていたからだ。博士は「政府に直訴するのは得策ではない、まずは領主に会って個人的に話をしたほうがいいだろう」と言った。

領主と親しい人たちを同席させ、その人たちに説得してもらえば、領主のほうも友好的に解決しようと思うかもしれない、というのが博士の考えだった。そこで私は、古くからの友人であり、取引先でもあったピーター・コリンソン氏を訪ねることにした。コリンソン氏は、バージニアの大商人であるジョン・ハンベリー氏から「フランクリン氏が着いたらすぐに連絡をよこしてほしい」と頼まれていたという。どうやら、枢密院の議長だったグランビル卿が私に会うのを心待ちにしていて、ハンベリー氏は私をグランビル卿のところに連れて行くつもりのようだ。

私はハンベリー氏とともに出かけることに決めた。翌朝、ハンベリー氏は約束どおりやってきて、自分の馬車に私を乗せてグランビル卿の邸宅に向かった。グランビル卿はとても丁重に私を迎えたあと、アメリカの現状についてあれこれ尋ねてきた。それらの質問についてしばらく話し合ったあと、グランビル卿は言った。

「アメリカの人々は、憲法の本質について間違った考えをおもちのようです。あなたがたは、国王から知事に与えられる訓令は法律ではない、従うか従わないかは自分たちの自由だ、と考えておられるようですが、訓令はそのようなものではありません。外国に向かう使臣に与えられるような、儀礼上のささいなことに関する内訓とはわけが違うのです。訓令はまず、法律に精通した判事たちが起草し、次に枢密院で審議と討議が行われ、たいていの場合はそこで修正されます。そのうえで国王が署名なさるのです。国王の署名が終わると、訓令はあなたがたアメリカ人の国法となります。なぜなら、国王こそが植民地における唯一の立法者だからです」

私はグランビル卿に反論した。

「お言葉ですが、私はそのような考え方をこれまでに聞いたことがありません。私たちの憲章は、植民地の法律は植民地議会でつくられるものだと定めています。たしかに、裁可を得るために国王に提出する必要はありますが、ひとたび裁可されたら、たとえ国王であっても撤回したり変更したりできないはずです。植民地議会が国王の裁可なくして永久的な法律をつくれないのと同じように、国王も植民地議会の同意を得ないで植民地の法律をつくることはできないのです」

しかしグランビル卿は「あなたの考えは何から何まで間違っている」と断言した。私のほうも彼の主張には納得できなかったが、この一件によって、国王側が植民地をどのように見ているかがわかった。私は少々面食らいながらも、宿に帰るとすぐに、グランビル卿と交わした会話を書きとめておいた。たしかに20年ほど前、イギリス政府が議会に提出した法案のなかには「国王の訓令を植民地の法律にする」という条項が含まれていた。

結局、その条項は下院によって否決されたので、私たちはてっきり、下院の議員は植民地の味方、自由の味方なのだと考え、彼らに敬意を表していた。しかし、1765年に下院の議員たちが印紙税法を通過させたことから考えると、彼らが国王の絶対主権を拒んだのは、自分たちの手元に権力を残しておくためだったのだろう。

イギリスとの対話

それから数日後、フォザギル博士が話をつけてくれたおかげで、領主のトーマス・

ペン氏がスプリング・ガーデンにある邸宅で私に会ってくれることになった。会談では、「私たちはお互いに合理的な和解を希望している」という宣言をした。しかし、「合理的」という言葉の解釈は、お互いに異なっているようだった。私はいくつかの抗議事項を列挙し、それらについて話し合った。領主側は自分たちのとった行動を弁護し、私は植民地議会のとった行動を弁護した。私たちのあいだには大きな溝があり、お互いにまったく違う意見を口にしていた。合意に達する見込みはなさそうだった。

とはいえ、私は抗議事項を文書にまとめて領主側に渡すことになり、領主たちはそれらの文書を読んだうえであらためて検討すると約束してくれた。私はすぐに文書を渡したが、領主たちはその文書を顧問弁護士のファーディナンド・ジョン・パリスに預けてしまった。このパリスという男は、隣のメリーランドの領主であるボルティモア卿との70年におよぶ訴訟事件で、トーマス・ペンの代わりに法律上の事務をすべて引き受けていた。

また、植民地議会との争いのときに、領主側の書類や教書を作成したのもこの男だった。パリスは傲慢で怒りっぽく、彼が書いた文書は論理が通っておらず、書き方だけがやけに偉そうだったので、私は植民地議会の答弁のなかで何度も彼の文書を批判した。そのため、彼は私にかなりの恨みを抱き、ことあるごとに嫌がらせをしてきた。

私は、「パリス氏とふたりで抗議の内容について話し合うように」という領主側の提案を断り、領主以外の人と交渉するつもりはないと伝えた。領主たちは、パリスの入れ知恵を受けて、法務長官と法務次官に文書を渡して意見を求めた。しかし、返事が届いたのは1年近く経ってからだった。その間、私は何度となく領主に回答を求めたのだが、「法務長官と法務次官から返事があるまで待ってほしい」と言われるばかりだった。最終的に領主たちが受け取った返事がどのようなものだったのかは、私には知らされていない。

だが領主たちは、法務長官たちの返事を待つあいだに、パリスが起草して署名した長い教書を植民地議会に送っていた。パリスの教書にはこんなことが書かれていた。「フランクリンの文書には形式上の不備がある。これは、この男が礼儀をわきまえていないことの何よりの証拠だ」

そして自分たちのこれまでの行動を正当化し、「事態を円満に解決するために、植民地議会が〝公平無私な人物〟を派遣して交渉にあたらせるのであれば、こちらとしても喜んで応じよう」とも書いてあった。つまり領主側は、私が「公平無私」ではないとほのめかしたのだ。

彼らが「書類に形式上の不備があった」とか「礼儀をわきまえていない」と書いたのは、私が書類の宛名に「真実にして絶対なるペンシルベニア植民地の領主」という、彼らが自称する肩書きをつけなかったからだろう。私としては、口頭で伝えたことを念のために書き留めただけの文書に、そんな仰々しい肩書きをつける必要はないと思ったのだが。

そうこうしているうちに、植民地議会は「国王のご用のために10万ポンドを支出する」という法案を作成し、「領主の財産も一般住民の財産と同じく課税対象とする」という文言を加えたうえで、デニー知事を説得してこれを通過させた（この「領主の財産も課税対象とする」という文言をめぐって、領主側と議会はずっと対立していたのだ）。そして議会は、パリスの教書に対してはいっさい回答しなかった。

誓約書を交わす

このことを知った領主たちは、パリスの助言を受けて、法案が国王に裁可されるのを阻止しようとした。枢密院を通じて国王に請願し、審問を開かせたのだ。領主側が弁護士をふたり雇って法案に反対させたので、私もふたりの弁護士に法案を支持してもらうよう頼んだ。領主側の言い分は、「この法案の目的は、一般住民の財産にかかる税を軽くするために、領主の財産に重い税を課すことです。このまま施行され、税の割り当てを植民地議会に一任することになれば、一般住民に人気のない領主はやがて破産してしまいます」というものだった。

これに対し、私たちは次のように述べた。「この法案にはそのような意図はありませんし、そのような結果になるはずもありません。税額の査定を担当するのは、誠実で思慮深い人たちです。みな、公正かつ平等な査定をすると誓っています。そもそも、領主への課税を重くしたところで、住民が得られる利益はごくわずかです。わずかな利益のために担当者たちが誓いを曲げるなど、ありえません」領主側と議会側の主張の要点はこんなところだったと思う。

それから私たちは、「もしこの法案が撤回されたら、そのときこそ有害な結果が生じるはずです」と強い口調で言った。「国王のご用のため」という名目で発行された

10万ポンドの紙幣は、植民地の防衛費として使われたのち、すでに一般住民のあいだにも流通していた。この法案が撤回されたとしたら、それらの紙幣は価値を失い、多くの人が破産に追い込まれる。結果的に、今後は思うように税金を徴収できなくなるだろう。私たちは、領主側の考えを厳しく批判した。

「自分たちの財産に重い税金をかけられるという根拠のない心配をして、一方で住民が破産することは気にしない、むしろ住民の破産を望むとは、どこまで利己的なのですか！」

そのとき、枢密顧問官のひとりだったマンスフィールド卿が立ち上がり、私に向かって手招きをした。そして、言い争っている弁護士たちを置いて私を書記室に連れて行くと、こう尋ねた。

「あの法案を施行しても、領主の財産に損害がないというのは確かですか？　あなたは本当にそう信じているのですか？」

もちろんです、と私が答えると、彼は「では、そのことを保証する誓約書を交わしてもかまいませんね？」と言った。「かまいません」と私は答えた。すると、マンスフィールド卿はパリスを書記室に呼び入れ、しばらく話をした。

その後、領主側も私たちも、マンスフィールド卿の提案を受け入れることにした。枢密院書記が誓約書を起草し、私とチャールズ氏が署名をすると（チャールズ氏も私と同じく植民地の代表で、一般事務を担当していた）、マンスフィールド卿は枢密院の会議室に戻っていった。そしてついに、法案は可決された。いくつかの点を修正するよう勧告を受けたので、私たちは次の法律で改めると約束したのだが、植民地議会は修正の必要はないと判断した。

というのも、枢密院の命令が植民地議会に届く前に、議会はこの法律に従って1年分の税金を徴収していた。そしてその際、税額の査定を監査するための委員会を組織し、領主の親しい友人の何人かを委員に任命したのだ。委員たちは、徹底的に調査したうえで、「課税はきわめて公平に行われている」という報告書に全員一致で署名をした。

植民地議会は、私が枢密院で誓約書を交わしたことを「植民地に対する大きな貢献」だと認めた。その誓約書のおかげで、当時広く流通していた紙幣の信用を維持できたからだ。帰国後、議会は私に正式に謝意を表してくれた。一方で領主たちは、デニー知事が法案を通過させたことに憤慨し、彼を解任したあげく、「訓令を守ると約束していたのに、おまえはそれを破った。訴えてやるから覚悟しておけ」と脅しをかけた。しかし、デニーが訓令に従わなかったのは、植民地議会の要請を受けたからであり、ひいては国王のためだ。しかも彼には、宮廷の有力者とのつながりもあったので、領主の脅しなど意に介さなかった。

そして結局、その脅しが実行に移されることはなかった。

【著者プロフィール】

ベンジャミン・フランクリン(1706-1790)

アメリカの政治家、著述家、科学者。貧しい家庭に生まれながら印刷業、新聞の発行などで成功をおさめ、政界に進出。アメリカ独立宣言の起草委員として活躍するなどアメリカ建国の父と呼ばれる。科学者としてもすぐれており、雷が電気であることを凧による実験で証明した。道徳的に生きることを目指し「13 の徳目」を考えだし自ら実践した。

【解説】

楠木建
(くすのき・けん)

経営学者。一橋ビジネススクール特任教授。専攻は競争戦略。主な著書に『ストーリーとしての競争戦略:優れた戦略の条件』(東洋経済新報社)、『絶対悲観主義』(講談社)などがある。

【翻訳】

芝瑞紀
(しば・みずき)

英語翻訳者。青山学院大学総合文化政策学部卒。訳書に『ある特別な患者』(サンマーク出版)、『シャンパンの歴史』(原書房)、『アメリカが見た山本五十六』(共訳、原書房)、『約束の地』(共訳、集英社)などがある。

すらすら読める新訳
フランクリン自伝

2023年6月 5日　初版印刷
2023年6月15日　初版発行

著　者　ベンジャミン・フランクリン
訳　者　芝瑞紀
発行人　黒川精一
発行所　株式会社サンマーク出版
〒169－0074 東京都新宿区北新宿2－21－1
電　話　03（5348）7800
印　刷　三松堂株式会社
製　本　株式会社村上製本所

定価はカバー、帯に表示してあります。
落丁、乱丁本はお取り替えいたします。
ISBN978-4-7631-4061-6 C0030
ホームページ　https://www.sunmark.co.jp